PATRICIA FREIRE GARCIA

Word 2000

AF873700

Word 2000

Carlos Romero Aires

ANAYA MULTIMEDIA

GUÍAS DE INICIACIÓN

Responsable editorial:
José Carlos Jiménez Pérez

Diseño de cubierta:
Narcís Fernández

Autoedición:
Slocum, S.L.

Reservados todos los derechos. El contenido de esta obra está protegido por la Ley, que establece penas de prisión y / o multas, además de las correspondientes indemnizaciones por daños y perjuicios, para quienes reprodujeren, plagiaren, distribuyeren o comunicaren públicamente, en todo o en parte, una obra literaria, artística o científica, o su transformación, interpretación o ejecución artística fijada en cualquier tipo de soporte o comunicada a través de cualquier medio, sin la preceptiva autorización.

© EDICIONES ANAYA MULTIMEDIA, S. A., 1998
Juan Ignacio Luca de Tena, 15. 28027 Madrid
Depósito legal: M. 28.920-1999
ISBN: 84-415-0894-1
Printed in Spain
Impreso en Anzos, S. L. - Fuenlabrada (Madrid)

Índice

Cómo usar esta guía

Esta guía pretende ser su primer libro sobre Word 2000. En ella podrá encontrar todo lo necesario para conocer y explotar las posibilidades básicas y más importantes de este procesador de textos.

La guía viene estructurada en diez lecciones, a través de las cuales podrá ir aprendiendo conceptos y modos de operación básicos, practicar a medida que aprende, repasar los conceptos aprendidos y autoevaluarse para fijar mejor todos los conocimientos adquiridos.

Cada lección incluye tres partes bien diferenciadas:

La primera, constituida por el grueso de conceptos, funciones y conocimientos generales que hay que asimilar. Es, en esta sección, donde se encuentran a su vez cuatro tipos de referencia:

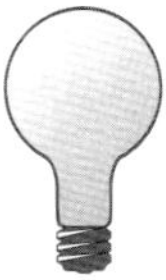

Este icono irá acompañado de un texto que le proporcionará "ideas felices" y útiles extraídas de las experiencias del autor. Todas estas ideas le ayudarán a realizar mejor su trabajo dándole un acabado perfecto.

Con este icono se mostrarán métodos alternativos más rápidos para realizar operaciones. Todo ello, con la finalidad de acelerar su trabajo. Ya sabe: no sólo se trata de hacerlo bien; si, además, se hace rápidamente, mucho mejor.

El texto que acompaña a este icono le aclarará conceptos complementarios que le harán aumentar su cultura informática. También le advertirá de las consecuencias de algunas operaciones delicadas, y le aconsejará realizar acciones preventivas contra posibles desastres informáticos, propios de usuarios con poca experiencia.

Este icono le proporcionará la información necesaria para realizar las operaciones utilizando el ratón.

La segunda parte, titulada "Qué hemos aprendido", recoge puntualmente los temas tratados en la lección, a modo de resumen temático.

La tercera sección está constituida por un compendio de los ejercicios que permiten hacer una autoevaluación de todo lo aprendido.

El éxito del aprendizaje no se debe limitar sólo a las operaciones básicas. Lo que se pretende, además, es despertar en el lector una inquietud por ampliar conocimientos por su propia iniciativa y experiencia, ya que los programas proporcionan funciones que facilitan la labor, aunque hay algunas cosas que sólo se pueden llevar a cabo con ayuda de nuestra imaginación y aprovechando las funciones básicas.

En el apéndice A podrá encontrar las soluciones a todos los ejercicios propuestos.

Lo más importante para nosotros es que aprenda. No dude, pues, en proponernos cualquier tipo de sugerencias que desee, ya que serán bienvenidas y, por supuesto, cuidadosamente estudiadas y consideradas. Sólo tendrá que dirigirlas a:

ANAYA MULTIMEDIA
Guías de Iniciación
C/ Juan Ignacio Luca de Tena, 15
28027 MADRID

Introducción

Word es el procesador de texto más utilizado del mercado. La compañía Microsoft, el gigante de los programas informáticos, saca al mercado esta nueva versión del producto, Word 2000, con la intención de que siga ocupando la actual posición de privilegio frente a sus competidores.

El programa se ha renovado en muchos aspectos, con indudables mejoras que afectan a varias campos: ayuda al usuario mientras trabaja, nuevos asistentes y plantillas, automatización de tareas y, sobre todo, a la creación y publicación de páginas Web.

En primer lugar hay que destacar algunas características novedosas de la versión:

- La incorporación de nuevas barras, en particular la de Portapapeles, desde la que se puede llevar a cabo la posibilidad de "reunir y pegar". A este respecto hay que destacar la facilidad con la que se pueden personalizar las barras de herramientas en Word 2000.
- Las mejoras relacionadas con la instalación del producto en general, y con muchas de sus funciones en particular. Esto significa que muchas capacidades de Word sólo se instalan cuando se las requiere la primera vez, sin ocupar por tanto espacio en el disco si no se necesitan.
- La posibilidad de hacer doble clic en alguna parte del documento y escribir sin más.
- La perfecta conversión de los documentos que se confeccionan en documentos HTML y las mejoras en cuanto al asistente para crear páginas Web. Además de otras capacidades relacionadas como el envío de un documento por correo electrónico a otro usuario.

Otras características importantes del procesador, ya tradicionales, son:

- Se pueden crear cartas, informes, memorandos o faxes con diversos Asistentes que, a su vez, permiten diversas elecciones en los contenidos.
- Si al escribir un texto se cometen errores, se podrá utilizar el habitual corrector ortográfico y un corrector gramatical para corregirlos. Aquí cabe apuntar que pueden corregirse documentos escritos en otros idiomas, sin más que seleccionar el idioma en cuestión.
- La característica *Autocompletar* ha sido optimizada hasta el punto de que, al introducir una parte de un texto previamente escrito, lo reconoce y escribe de forma automática el resto.
- La característica *Autorresumen* presenta un resumen de lo más importante de un documento. Analiza el documento estadística y lingüísticamente, determinando cuáles son las oraciones más importantes y proporciona un resumen personalizado basándose en dicho análisis.

En fin, todo un abanico de posibilidades que hará de Word 2000 la mejor herramienta que puede utilizar para confeccionar sus trabajos más habituales.

Cualquier comentario o sugerencia que este libro suscite, será bien recibida en la dirección de correo del autor: craires@teleline.es.

Lección 1

Instalación y configuración

Introducción

El procesador de textos Word 2000 es una de las aplicaciones, quizás la más utilizada, que componen la *suite* Office 2000. Su objetivo fundamental es la confección de todo tipo de documentos de texto, en los cuales se pueden incluir un gran número de efectos y objetos gráficos que los hagan más atractivos.

En esta lección se enseñará a instalar el programa desde el CD-ROM de Office 2000.

Ya que existen diferentes versiones del producto, en la tabla 1.1 se muestran todas ellas, junto a las aplicaciones que se incluyen en cada una.

Tabla 1.1

	Edición Premium	*Edición Pymes*	*Edición Profesional*	*Edición Estándar*
FrontPage Express	Sí	No	No	No
PhotoDraw	Sí	No	No	No
Access	Sí	Sí	No	No
PowerPoint	Sí	Sí	No	Sí
Publisher	Sí	Sí	Sí	No
Word	Sí	Sí	Sí	Sí
Excel	Sí	Sí	Sí	Sí

También se enseñarán en la lección algunos conceptos básicos del procesador: cómo arrancar el programa y cómo salir de él; qué elementos aparecen en su ventana, principalmente las barras de herramientas; cómo acceder al ayudante de Office y a la ayuda en general.

Equipo necesario

Aunque en principio se puede trabajar con Word 2000 en un ordenador 486 a 33 MHz, lo cierto es que para conseguir el máximo rendimiento de las aplicaciones de Office 2000, se debería tener, preferiblemente, lo siguiente:

- Un ordenador preferiblemente Pentium con Windows 95 / 98 / 2000 o Windows NT como sistema operativo.
- Al menos 64 MB de memoria RAM.
- Una cantidad suficiente de MB en el disco duro, la cual dependerá de los elementos que instale.

Cómo instalar Word 2000

En primer lugar hay que encender el ordenador y esperar a que se cargue el sistema operativo. Después, y tras comprobar que no hay ninguna aplicación activa (debería cerrarlas en tal caso), para que no interfieran con el programa de instalación, haga lo siguiente:

1. Inserte el CD-ROM nº1 de Microsoft Office 2000 en su unidad. Si el programa de instalación no se ejecutara de forma automática, haga clic sobre el botón Inicio, seleccione la opción Ejecutar y, en el campo Abrir, teclee `d:\instalar.exe` (d –o la letra correspondiente– es la unidad que contiene el CD-ROM de Office 2000).
2. Escriba su nombre, sus iniciales, la organización a la que pertenece y la clave del CD (véase figura 1.1).
3. Haga clic sobre el botón Siguiente.
4. Lea detenidamente el contrato, que se muestra en la pantalla y, si está de acuerdo con él, active el botón de opción Acepto los términos del Contrato de licencia. Después, haga clic sobre el botón Siguiente.

A continuación se mostrará el cuadro de diálogo de la figura 1.2, en el que se observa que el programa ofrece dos formas de realizar la instalación:

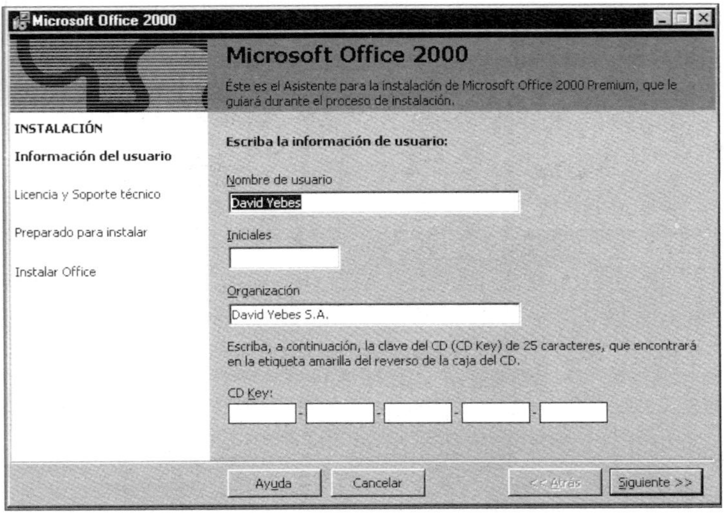

Figura 1.1

> *Si el programa de instalación detecta una versión anterior de Office, Office 2000 utilizará el* asistente para perfiles de Office *para conservar gran parte de la configuración existente, pudiéndose optar por mantener o eliminar las versiones anteriores.*

- **Actualizar ahora**. Si hace clic sobre esta opción el programa desinstalará las versiones anteriores de Office que encuentre en su ordenador, actualizará Windows con Microsoft Internet Explorer 5 e instalará Office 2000, con las opciones configuradas por defecto en la carpeta C:\Archivos de programa\Microsoft Office.
- **Personalizar**. Si hace clic sobre este botón podrá configurar algunos aspectos relativos a la instalación del programa: la unidad y carpeta en la que se copiarán los ficheros o las funciones que se instalarán.

  – Si ha elegido la primera opción, comenzará la instalación del programa y no se le pedirá más información, únicamente se le instará a que cierre las aplicaciones que se encontraran abiertas en ese momento.

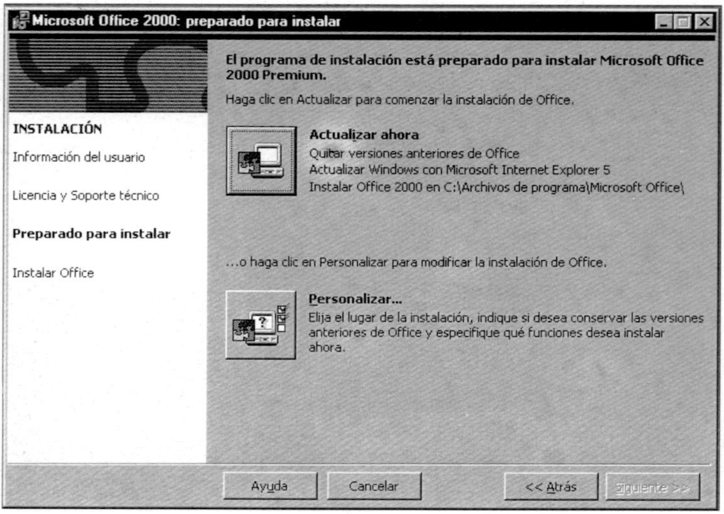

Figura 1.2

– Si, por el contrario, ha elegido la segunda opción debe seguir estos pasos:

5. Escriba en el primer campo de la ventana que aparece, y que se muestra en la figura 1.3, la ruta de acceso a la carpeta en la que se instalará el programa.
6. Haga clic sobre el botón Siguiente.
7. Seleccione una de las opciones que le ofrece el programa, relativas a la instalación del navegador Web Microsoft Internet Explorer y haga clic sobre el botón Siguiente.

A continuación se abrirá la ventana de la figura 1.4, en la que es posible seleccionar cada una de las funciones que se instalarán y la forma en la que se hará.

8. Haga clic sobre el icono [+] que aparece a la izquierda de la opción Microsoft Word para Windows.
9. Haga clic sobre una de las funciones que ofrece Word y se abrirá un menú en el que puede elegir entre:

- **Ejecutar desde mi PC** o **Ejecutar todo desde mi PC**. En el primer caso, la función seleccionada se instalará y

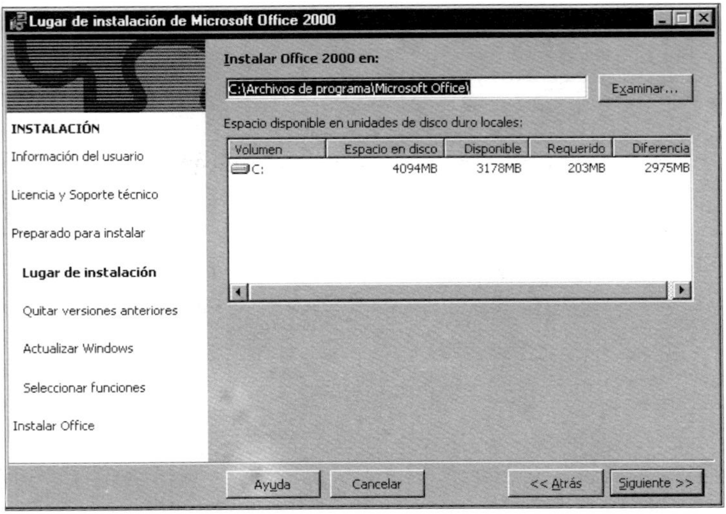

Figura 1.3

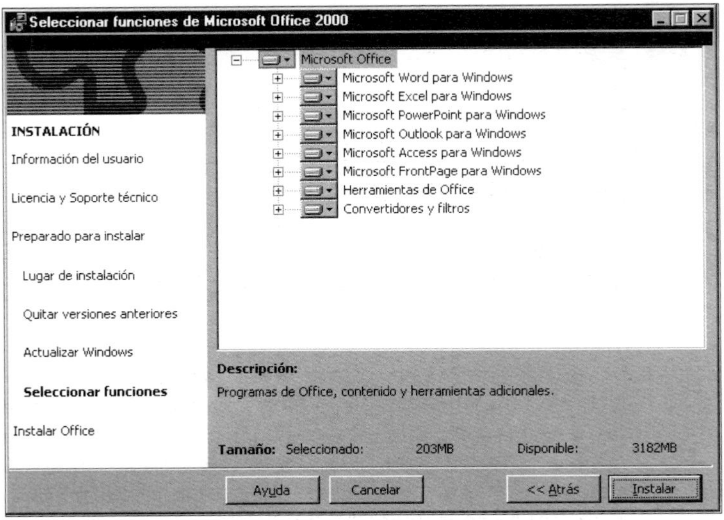

Figura 1.4

se almacenará en el disco duro. En el segundo caso se instalarán, la función en cuestión, y todas las subfunciones que dependan de ella.

- **Ejecutar desde el CD** o **Ejecutar todo desde el CD**. En ambos casos no se copiará ninguna función en el disco duro, y tendrán que leerse del CD cada vez que se haga uso de ellas. Puede utilizar esta opción de configuración para funciones que no usa muy a menudo.
- **Instalar al utilizar por primera vez**. Si selecciona esta opción, el programa ofrecerá la posibilidad de instalarla, cuando haga uso de ella por primera vez.
- **No disponible**. Sirve para no instalar o para desinstalar la característica seleccionada.

10. Haga clic sobre el botón Instalar y comenzará la instalación de los programas seleccionados de Office 2000.

Una vez finalizados los procesos de copia y configuración, el programa le indicará que reinicie su PC: hágalo y, cuando éste arranque, podrá comenzar a usar Word 2000.

Por defecto, el espacio requerido por Word es de 22 MB. Si quita o añade características, el número cambiará.

Cómo arrancar Word 2000

Para abrir Word 2000 y empezar a trabajar con él, dispone de varias posibilidades:

- Abrir el menú Inicio y seleccionar sucesivamente las opciones Programas y Microsoft Word.
- Abrir el menú Inicio, seleccionar las opciones Programas y Explorador de Windows, activar la carpeta en la que se encuentra el programa (por defecto es \Archivos de programa\Microsoft Office\Office) y hacer doble clic sobre el fichero Winword.exe.
- Hacer doble clic sobre su icono en el Escritorio, si es que ya hubiese creado uno.

En cualquier caso, aparecerá la ventana de la aplicación como se muestra en la figura 1.5.

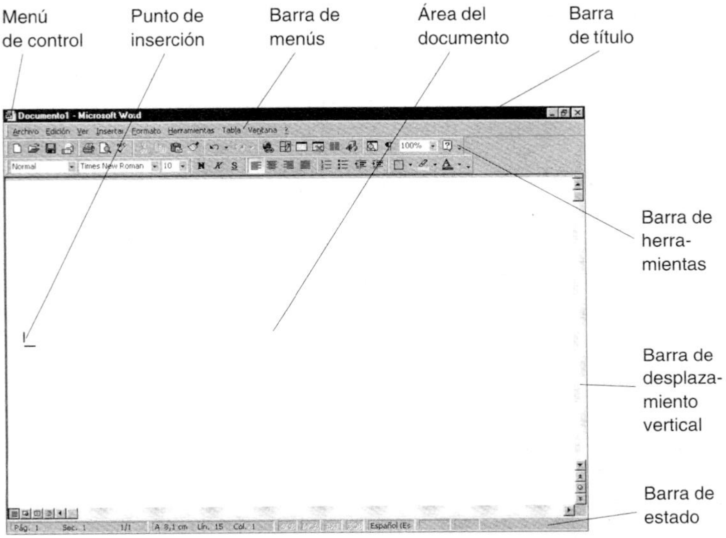

Figura 1.5

Descripción de la ventana

A continuación se describen los diferentes elementos de la ventana de Word 2000, los cuales se muestran en la figura 1.5.

- *Menú de control.* Al abrirlo podemos elegir entre las siguientes opciones, relativas todas ellas a la ventana del programa: Restaurar, Mover, Tamaño, Minimizar, Maximizar, Cerrar.
- *Barra de título.* Indica el nombre del programa con el que se está trabajando y, ocasionalmente, el nombre del documento activo.
- *Barra de menús.* Contiene los distintos menús desde los que realizar las diferentes operaciones con el programa.

  – Para *abrir un menú*, lo más sencillo es hacer clic sobre su nombre. También, puede hacerlo pulsando la combinación de teclas <**Alt-letra**>, siendo *letra* aquélla que aparece subrayada en el nombre del menú.
  – Tenga en cuenta que en esta versión de Word, algunas de las opciones del menú desplegable que menos utiliza, no se muestran inicialmente (véase

figura 1.6): sólo después de hacer clic sobre el botón del extremo inferior , o de esperar algunos segundos, aparecerán todas (véase figura 1.6).

En lo sucesivo, se indicará de la forma Seleccione **Archivo / Abrir**, *la secuencia de pasos siguiente: Hacer clic sobre el menú* **Archivo** *y, en el menú que surge, hacer clic sobre la opción* **Abrir**.

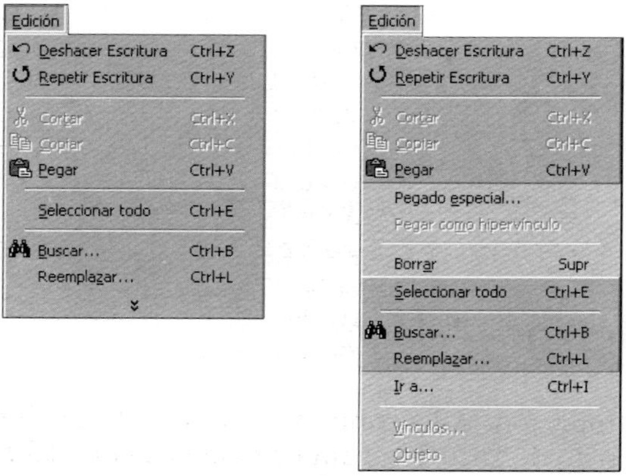

Figura 1.6

Puede desactivar esta característica de los menús desplegables, seleccionando **Herramientas / Personalizar**, *haciendo clic sobre la solapa* **Opciones** *para abrir la ficha del mismo nombre, haciendo clic sobre la casilla* **Mostrar en los menús primero los comandos usados más recientemente** *y confirmando.*

- *Barras de herramientas*. Las diferentes barras de Word incluyen los botones que permiten realizar rápidamente las tareas más habituales relacionadas con el nombre que posee cada una. Aunque es posible realizar las mismas operaciones desde la barra de menús, resulta más rápido hacer clic sobre el botón que corresponda en la barra de herramientas.

> *Al situar el puntero del ratón sobre los diferentes botones de la barra de herramientas (sin hacer clic), aparece una pequeña descripción de la acción que se realizará al hacer clic sobre cada uno de ellos.*

- En principio apareceren dos barras por defecto: Estándar y Formato. Ambas aparecen en una misma línea, hecho éste que se puede cambiar (y que aparezcan cada una en una línea), seleccionando Herramientas / Personalizar, haciendo clic sobre la solapa Opciones, sobre la casilla Las barras Formato y Estándar comparten una fila y confirmando.
- Si no se encontrara visible la barra de herramientas Estándar, seleccione Ver / Barras de herramientas / Estándar. De la misma forma se puede mostrar otra barra cualquiera de Word. Para ocultar se puede seguir idéntico procedimiento.

- *Barra de estado*. Es la que aparece en la parte inferior de la pantalla. En ella se muestra la posición del cursor, el número de página, la línea y columna, si están o no pulsadas algunas teclas, el idioma... (véase figura 1.7).

Figura 1.7

- *Barras de desplazamiento*. Permiten ver el contenido de cualquier parte del documento, cuando éste sobrepasa los límites de la ventana.

Los menús contextuales de Word

Cada uno de los objetos de Word 2000: barras, bloques de texto, tablas... dispone de un menú asociado que permite realizar las operaciones que le afectan, de manera rápida.

Para abrir dicho menú, que recibe el nombre de *menú contextual*, se debe pulsar el botón derecho del ratón sobre el objeto. Dos menús contextuales típicos son los que se muestran en la figura 1.9.

> *Una característica interesante de los programas diseñados para Windows es el botón de posición situado dentro de las barras de desplazamiento que indica dos cosas: la posición dentro del documento y cuanto hay por delante y por detrás del contenido de la ventana (en virtud del tamaño proporcional que adquiere). Además, si queremos desplazarnos más rápidamente por el documento, en lugar de hacerlo con las flechas de la barra de desplazamiento, se puede optar por arrastrar el botón de posición hasta llegar a la zona deseada (conforme lo desplaza verá el número de página en que se encuentra y el título del apartado como en la figura 1.8).*

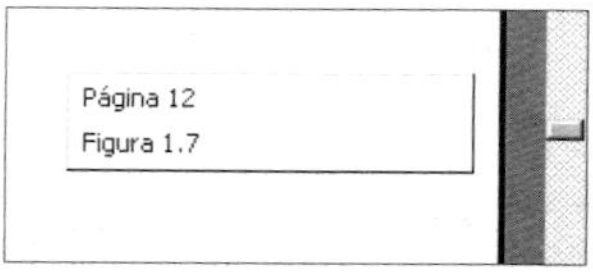

Figura 1.8

Cómo activar el Ayudante de Office

Office 2000, y en particular Word, dispone de un curioso sistema de ayuda basado en una figura más o menos simpática: el *Ayudante*. Su principal ventaja es que se anticipa de forma inteligente al tipo de ayuda que se necesita, en función del trabajo que se esté realizando, mostrando sugerencias e instrucciones detalladas para tareas específicas.

Ante cualquier duda que se le plantee a lo largo de las siguientes lecciones, puede acudir al *Ayudante*, y elegir la forma de ayuda de éste e, incluso, definir su personalidad.

Para abrir el ayudante, debe realizar los siguientes pasos:

1. Seleccione ? / Ayuda de Microsoft Word.

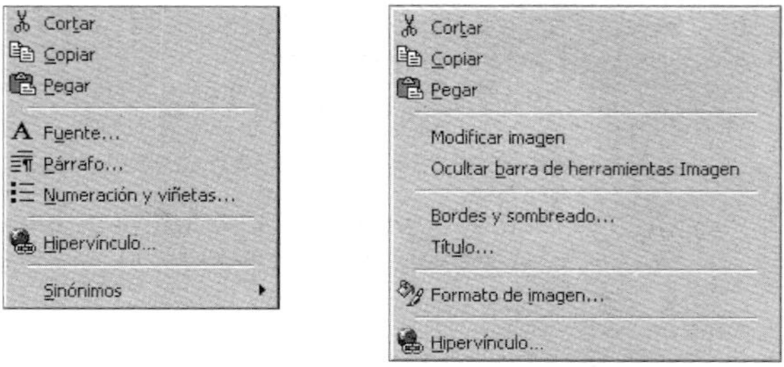

Figura 1.9

*Otras formas más rápidas para abrir el ayudante son: pulsar <**F1**> o hacer clic sobre el botón* .

Para configurar la forma de actuar y elegir uno de los ofrecidos por el programa:

2. Pulse el botón derecho sobre él y seleccione la opción Elegir Ayudante.

Se abrirá la ficha Galería, que le permite elegir la personalidad del ayudante: un *clip* animado llamado *Clipo, Ridondo,* el *Doctor Genio, F1,* una maravilla de la inteligencia artificial, el *logotipo de Office, Natura,* Rocky, *Minino* (véase figura 1.10).

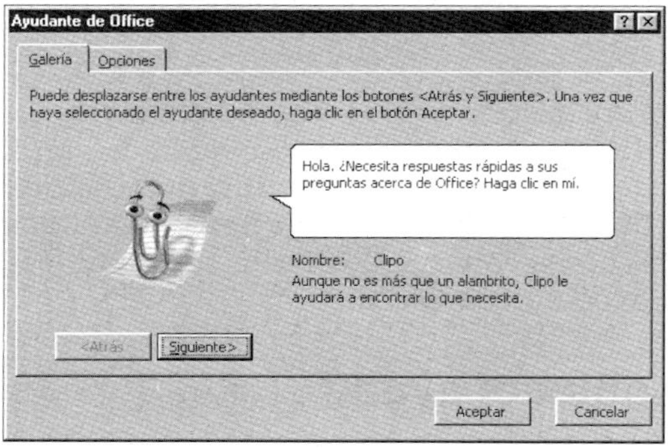

Figura 1.10

2. Seleccione el ayudante. La figura 1.11 muestra los distintos ayudantes disponibles.
3. Haga clic sobre el botón Aceptar.

Si desea instalar todos los ayudantes de manera que, posteriormente, pueda cambiar entre ellos sin problemas (es decir, sin tener que insertar el CD de Office), debe realizar la operación anterior (seleccionar uno y hacer clic sobre el botón Aceptar*) con cada uno de ellos.*

Cuando un ayudante está en la pantalla, puede pulsar el botón derecho sobre él para abrir el menú contextual y personalizar sus funciones.

Figura 1.11

- Para desactivar el Ayudante, pulse el botón derecho del ratón sobre él, seleccione la opción Opciones, desactive la casilla de verificación Utilizar Ayudante de Office y haga clic sobre el botón Aceptar.
- Si desea volver a mostrarlo, seleccione ? / Mostrar el Ayudante de Office.

Cómo obtener ayuda

Además, Word ofrece ayuda por otra vía. Para acceder a ella:

1. Haga clic sobre el menú ?. Aparecen diferentes opciones que ayudarán a resolver sus dudas. Por ejemplo, si selecciona la opción Ayuda de Microsoft Word se abrirá el cuadro de diálogo que muestra la figura 1.12, siempre que se haya desactivado el ayudante.

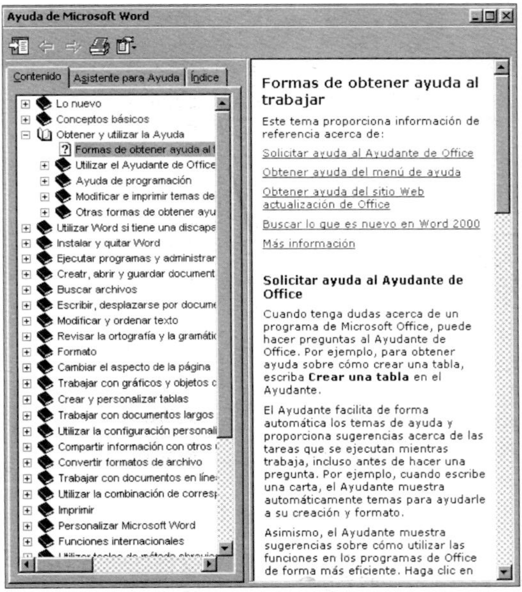

Figura 1.12

2. Haga clic sobre el tema y subtema que interese y navegue por la ayuda ofrecida.

Ayuda en línea de Microsoft

Word 2000 ofrece la posibilidad de visualizar las páginas Web dedicadas al producto en el servidor de Microsoft. Para ello debe disponer de una conexión a Internet, correctamente configurada. Si es éste su caso, puede realizar los siguientes pasos:

1. Abra el navegador, por ejemplo Internet Explorer.
2. Abra el menú ?.
3. Seleccione Office en el Web.

La figura 1.13 muestra la página Web de Microsoft Word, donde podrá encontrar información actualizada sobre el producto.

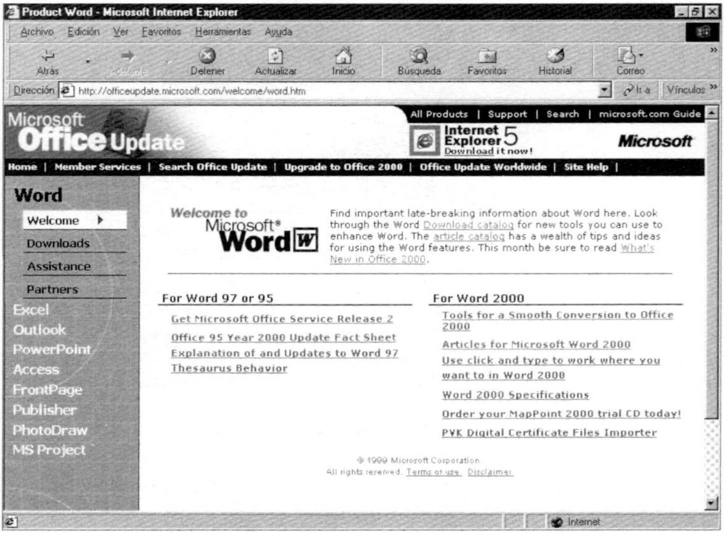

Figura 1.13

Cómo reparar, agregar o eliminar programas

Si una vez instalado el programa desea realizar alguna modificación sobre dicha instalación o, incluso, desinstalarlo, debe insertar el CD de Office 2000 en la unidad correspondiente y ejecutar de nuevo el fichero Instalar.exe, para ello:

1. Inserte el CD-ROM de Office 2000.
2. Haga clic sobre el botón Inicio de Windows.
3. Seleccione la opción Ejecutar.
4. Escriba en el campo Abrir la dirección del fichero que desea ejecutar. En este caso, `U:\instalar.exe` (donde U es la letra que identifica al lector de CD-ROM).

Se abrirá la ventana que muestra la figura 1.14, desde la que es posible realizar las siguiente operaciones:

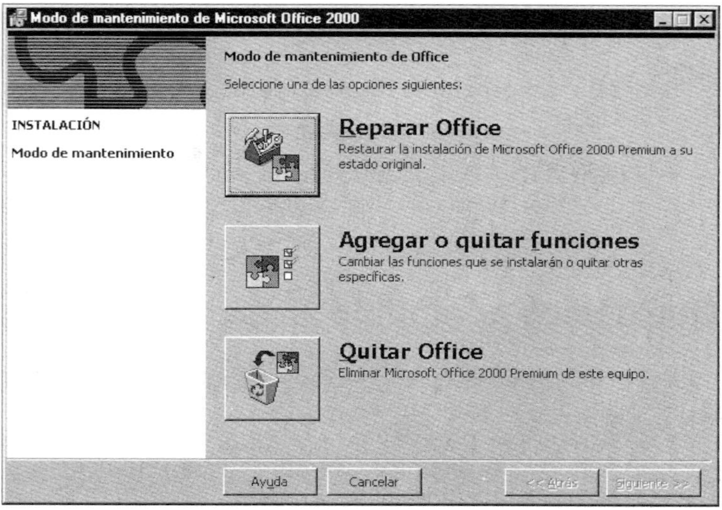

Figura 1.14

- **Reparar Office**. Si detecta que alguno de los programas que instaló no funciona apropiadamente, quizás porque alguno de los ficheros no se grabó correctamente, seleccione esta opción haciendo clic sobre su botón correspondiente y siga los pasos que el programa le indica.
- **Agregar o quitar funciones**. Si desea utilizar alguna de las funciones que no instaló inicialmente, haga clic sobre este botón. Hay que destacar una de las características nuevas de esta versión de Office: la posibilidad de instalar las diferentes funciones que ofrece mientras se encuentra trabajando con el programa. Por ejemplo, suponga que necesita hacer uso del editor de ecuaciones y no seleccionó esta función durante la instalación, basta con que le indique al programa que arranque el editor y se abrirá un cuadro de diálogo ofreciéndole la posibilidad de instalarlo en ese momento.
- **Quitar Office**. Si desea eliminar Office de su ordenador, no se limite a borrar la carpeta Office 2000, puesto que durante la instalación se copiaron otros muchos ficheros en otras carpetas. El programa de desinstalación le permite eliminar de forma adecuada Office de su ordenador, haciendo clic sobre este botón.

Cómo salir de Word 2000

Para salir del programa dispone, entre otras, de estas dos posibilidades:

- Pulsar <**Alt-F4**>. Pulsando repetidamente esta combinación de teclas irá cerrando todas las ventanas abiertas.
- Seleccionar Archivo / Salir.

Qué hemos aprendido

- A conocer el equipo necesario para instalar Word 2000.
- A instalar el programa.
- A arrancar el programa.
- A conocer los distintos elementos de la ventana.
- A agregar funciones al programa.
- A obtener Ayuda.
- A salir de Word.

Ejercicios

1. Arranque Word 2000 y salga después del programa.
2. Elija a F1 como ayudante.
3. Abra la Ayuda y consulte la referencia *Lo nuevo en Microsoft Word 2000.*
4. Cree un acceso directo a Word desde el Escritorio.
5. Investigue la utilidad de la característica Detectar y reparar del menu ?.

Lección 2

Operaciones básicas

Introducción

En esta lección se comenzará a utilizar Word 2000 para realizar algunas de las operaciones más frecuentes con un procesador de textos: introducir texto, realizar pequeñas correcciones en él, almacenarlo en el disco, cerrarlo, abrirlo posteriormente...

Cómo escribir un texto sencillo

Probablemente, una de los usos más frecuentes del ordenador sea la confección de cartas, sobres, etiquetas, faxes, curriculums, catálogos, y muchos otros documentos personales y de negocios. Todo ello resulta particularmente sencillo de hacer utilizando Word 2000. Veamos un primer ejemplo.

1. Arranque Word 2000 como se indicó en la lección 1. Una vez abierta la ventana del documento, está en disposición de empezar a teclear, teniendo en cuenta las siguientes circunstancias:

    - El punto de inserción (la barra vertical intermitente), nos indica la posición en donde aparecerá el texto que teclee.
    - Al ir introduciendo el texto, el punto de inserción, se va trasladando conforme avanzamos hacia la derecha.

- No hay que preocuparse por los finales de línea (como nos preocupábamos antaño con las *venerables* máquinas de escribir), gracias a una técnica llamada ajuste automático del texto. Sólo hay que pulsar <**Intro**> para finalizar un *párrafo*, es decir, después de un punto y aparte.

2. Teclee el siguiente párrafo, si usted lo considera de su agrado, o cualquier otro que le plazca (véase figura 2.1).

```
El fondo y la forma.  No basta la sustancia, también
se necesita la circunstancia. En las cosas tiene
gran parte el cómo. Las maneras simpáticas son el
tahúr de los gustos.
```

(*El arte de la prudencia* de Baltasar Gracián)

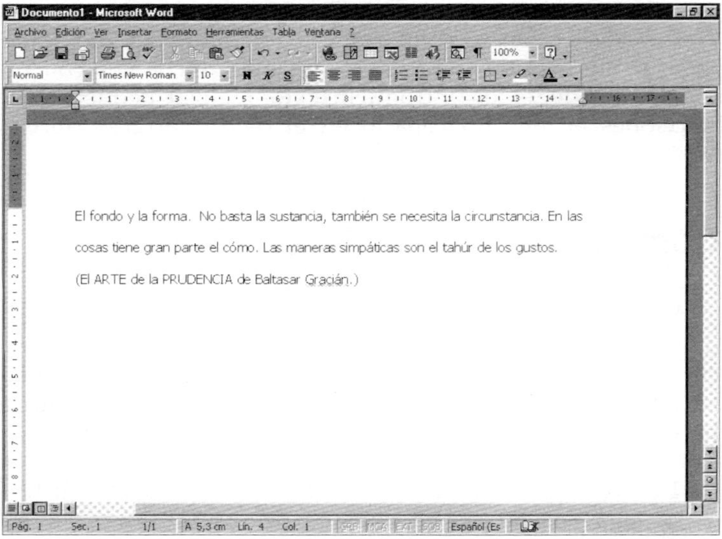

Figura 2.1

Algunas consideraciones a tener en cuenta a la hora de escribir un texto son las siguientes:

- Si al escribir comete un error, con la tecla <**Retroceso**>, eliminará el carácter situado a la izquierda del punto de inserción, pudiendo entonces teclearlo de forma correcta. Con la combinación <**Control-Retroceso**> se borrará la palabra completa situada a la izquierda.

- Si al escribir comete un error, con la tecla <**Supr**>, eliminará el carácter situado a la derecha del punto de inserción. Con <**Control-Supr**> se borrará la palabra situada a la derecha.
- Si al escribir palabras comete errores ortográficos o mecanográficos y no las corrige de inmediato, el programa subraya la palabra correspondiente en rojo. (Esta característica de revisar la ortografía mientras escribe, está activada por defecto pero, cambiando la opción correspondiente, se puede desactivar.) Si quiere corregir automáticamente las palabras detectadas como mal escritas, sitúe el puntero del ratón sobre la palabra a corregir y pulse el botón derecho; un menú contextual aparecerá mostrando sugerencias de palabras, o las siguientes opciones: Omitir todas, Agregar, Autocorrección, Idioma y Ortografía... (véase figura 2.2).

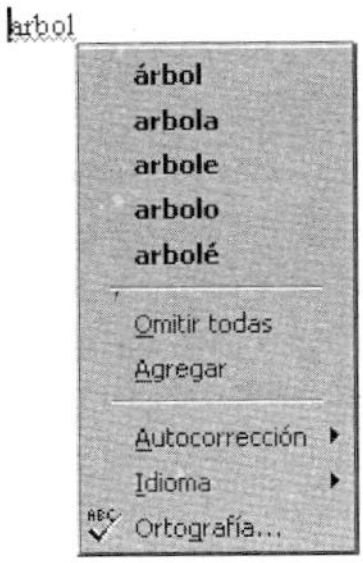

Figura 2.2

Autocorrección corrige, entre otros, los siguientes errores mientras escribe:

- *Uso accidental de la tecla <**BloqMayús**>. Word 2000 reemplaza, por ejemplo, "eSTOS" por "Estos" al principio de la oración y después desactiva dicha tecla.*
- *Errores ortográficos comunes donde se ven implicadas varias palabras. Por ejemplo, se reemplaza "desd el" por "desde el".*

> *Si desea eliminar la característica de Autocorrección (es decir, no quiere ver los subrayados en rojo), pulse <***F7***> y aparecerá el cuadro de diálogo* Ortografía y Gramática... *Haga clic sobre el botón* Opciones..., *y sobre la casilla* *Revisar la ortografía mientras escribe.*

- Para borrar el texto recién escrito (y no guardado todavía), puede hacer clic sobre el botón Deshacer Escritura . Esto es equivalente a pulsar la combinación de teclas <**Control-Z**> o seleccionar Edición / Deshacer Escritura. Si se desea deshacer otra operación realizada anteriormente hay que hacer clic sobre la flecha que está a la derecha y elegir la opción del menú que aparece.
- Para empezar un nuevo párrafo, o para insertar líneas en blanco, pulse <**Intro**>.

Cómo seleccionar texto

Después de haber introducido un texto, se puede querer borrar parte del mismo, mover una palabra, frase o párrafo, cambiar el tipo de letra (fuente), su tamaño...

Para cualquiera de estas acciones hay que realizar una operación típica: *seleccionar texto*. (El texto seleccionado aparece resaltado, es decir, con las letras en blanco sobre un fondo negro.)

Para seleccionar texto se puede utilizar el ratón, el teclado, o una combinación de ambos dispositivos.

La forma más fácil de seleccionar texto es hacer clic con el ratón sobre el principio o el final del texto a seleccionar y arrastrar hasta completar la selección (véase figura 2.3).

La misma selección se puede realizar con el teclado manteniendo pulsada la tecla <**Mayús**> mientras se pulsan las teclas de flecha hasta completar la selección.

Otras posibilidades para seleccionar texto son las siguientes:

- Una palabra: haga doble clic en la palabra.
- Una frase: pulse la tecla <**Control**> y, sin soltarla, haga clic en cualquier parte de la frase.
- Un párrafo: haga tres veces clic en cualquier parte del párrafo.

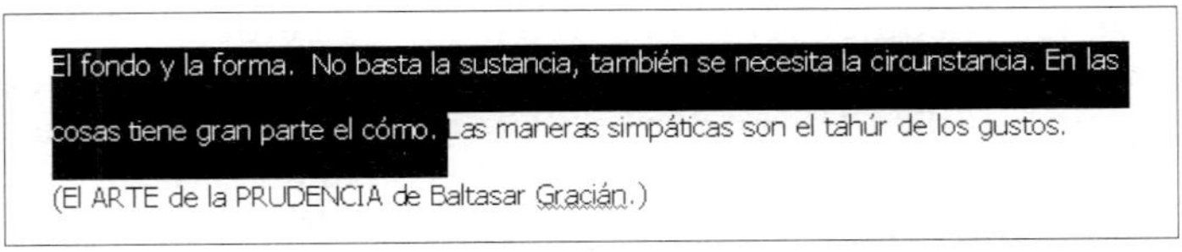

Figura 2.3

- Un bloque grande de texto: haga clic al principio, pulse la tecla <**Mayús**> y, sin soltarla, haga clic al final de la selección.
- Un gráfico: haga clic en el gráfico.
- Para extender una selección un carácter a la derecha, pulse <**Mayús-Flecha dcha.**>.
- Para extender una selección un carácter a la izquierda, pulse <**Mayús-Flecha izda.**>.

Cuando un texto está seleccionado y comienza a escribir de nuevo, puede que éste sustituya al anterior (opción por defecto) o que se añada al ya existente. Estas opciones se cambian seleccionando ***Herramientas / Opciones...****, activando la ficha* ***Edición*** *y una de las casillas* ***Reemplazar la selección al escribir*** *o* ***Modo Sobreescribir****.*

- Para eliminar la selección se hace clic en cualquier parte del documento o área de trabajo (o se pulsa cualquier tecla de flecha).

Tenga en cuenta que si tiene un texto seleccionado y pulsa la tecla <***Barra espaciadora***>*, o cualquier tecla de función, el texto se borrará.*

Cómo guardar lo escrito

El texto escrito se encuentra provisionalmente almacenado en la memoria del ordenador; si se va la corriente eléctrica, o se apaga el equipo, el trabajo realizado se perderá. Hay que tener por tanto la precaución de guardarlo de forma que podamos utilizarlo a posteriori. Para ello es necesario darle un nombre al documento y almacenarlo con él en el disco.

1. Seleccione Archivo / Guardar como... Aparecerá el cuadro de diálogo de la figura 2.4.

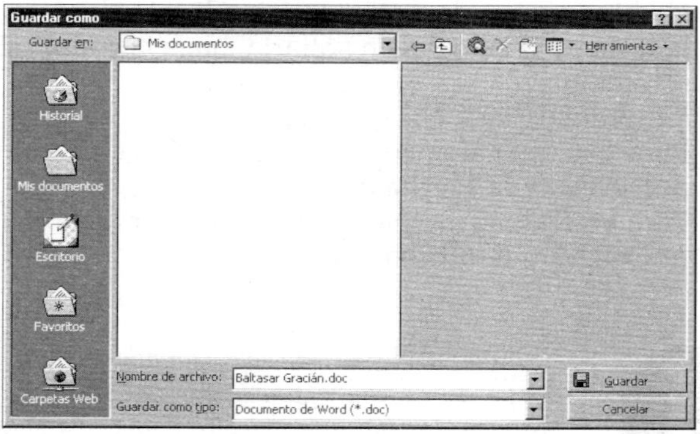

Figura 2.4

2. Seleccione la carpeta en la que se guardará el documento, en el campo Guardar en.

Desde la ventana de Guardar como, *se puede crear una nueva carpeta en la que almacenar el documento, haciendo clic sobre el botón y escribiendo su nombre en el cuadro de diálogo que aparece.*

3. Escriba el nombre del archivo, `Baltasar Gracián`, en el cuadro de listas Nombre de archivo.
4. Haga clic sobre el botón Guardar.

Cómo cerrar un documento

Cuando se desee dejar de trabajar con el documento, basta con cerrar su ventana de cualquiera de las formas habituales en Windows. Una posibilidad es la siguiente:

- Seleccione Archivo / Cerrar. Si ya se había guardado el documento en el disco, se cerrará la ventana y la operación habrá finalizado; si después de la última operación de Guardar, se han introducido nuevos cambios, saldrá en pantalla un cuadro de diálogo preguntando si se quiere guardar los cambios efectuados.

Es muy aconsejable guardar los documentos asignándoles un nombre al comenzar la escritura del documento. Después, bastará con pulsar el botón Guardar *de la barra de herramientas estándar para que todo lo que se escriba posteriormente quede almacenado con ese nombre de archivo.*

Windows permite nombrar archivos con un máximo de 255 caracteres, incluyendo letras, dígitos, caracteres especiales y espacios en blanco. Son inviables los caracteres (/), (¿?), (:), (*), ("), (>), (<), (|).

La forma más sencilla y rápida de cerrar un documento es hacer clic sobre "su" botón Cerrar*. No obstante, de esta forma, y si es el único documento abierto en Word, se cerrará la aplicación.*

Cómo abrir un documento existente

Una vez almacenado un documento en el disco, puede abrirse de diferentes formas:

1. Seleccione Archivo / Abrir. Aparecerá el cuadro de diálogo de la figura 2.5.
2. Seleccione la carpeta en la que se encuentre el fichero.
3. Haga clic sobre el nombre del fichero.

4. Active la vista previa que mejor convenga en orden a identificar el fichero. Para ello basta con hacer clic sobre el botón que rota por todas las posibilidades o sobre la punta de flecha de su derecha que abre un menú (véase figura 2.5) del que se puede elegir la vista que se desee. Por ejemplo, la figura 2.6 muestra las "propiedades" del documento.
5. En cualquier caso, una vez seleccionado el fichero, haga clic sobre el botón Abrir.

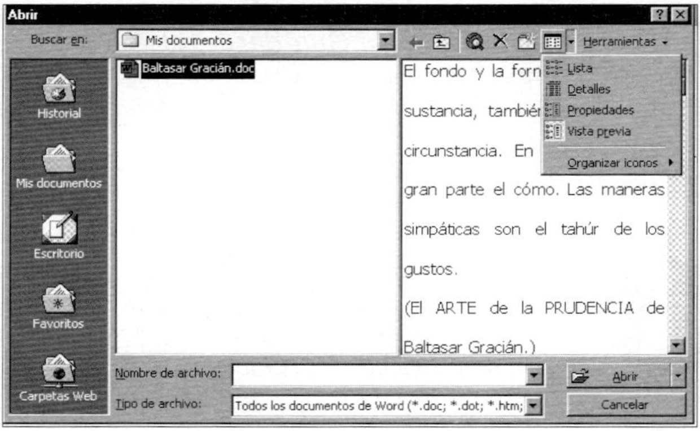

Figura 2.5

> *Puede abrir el cuadro de diálogo* Abrir *mediante el botón del mismo nombre o pulsando* ***<Control-A>***.

Cómo localizar ficheros en el disco

Si el nombre del fichero no aparece en la lista de ficheros de la carpeta abierta, y no sabe su ubicación en el disco, puede hacer lo siguiente en el cuadro de diálogo Abrir:

1. Escriba el nombre (o algunos caracteres que se sepa que contiene) en el cuadro Nombre de archivo.

Figura 2.6

2. Haga clic sobre el botón Herramientas.
3. En el menú que aparece, haga clic sobre la opción Buscar.
4. Defina las condiciones de la búsqueda: unidad de disco, carpeta, criterio... en el cuadro de diálogo Buscar (véase figura 2.7).
5. Active preferiblemente la casilla Buscar en subcarpetas.
6. Finalmente, haga clic sobre el botón Buscar ahora. En el cuadro de diálogo resultante, haga doble clic sobre el fichero que desee, si es que ha encontrado uno o varios.

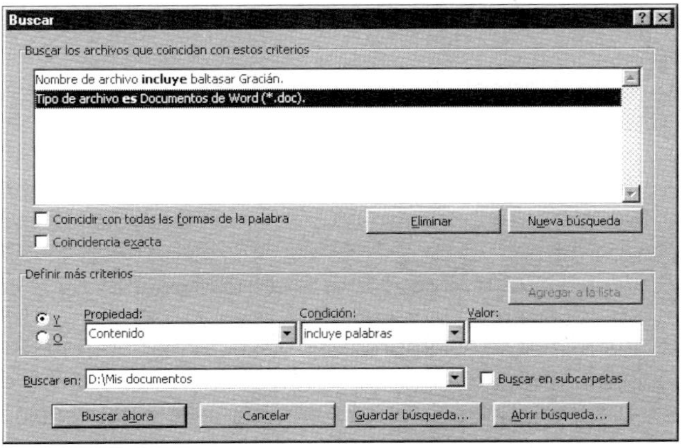

Figura 2.7

Para abrir archivos recientemente utilizados, abra el menú Archivo. *Al final de sus opciones de menú se encuentra una lista con los últimos archivos. Localizado el que interese, bastará con hacer clic sobre él, para que su texto aparezca en la pantalla del ordenador.*

Seleccionando Herramientas / Opciones *y abriendo la ficha* General, *se puede activar la casilla* Archivos usados recientemente *y también podemos modificar el número de los archivos que presenta esta opción (hasta un máximo de 9).*

Diferentes formas de ver un documento

Word 2000 permite presentar el documento de diferentes formas: Normal, Diseño Web, Diseño de impresión, Vista Esquema... Inicialmente, el documento aparece con la presentación Normal pero se puede elegir otra presentación de las mencionadas.

- Vista Normal. Es la presentación que el programa utiliza por defecto. Se ve el texto y el formato de los párrafos, resultando ideal para las tareas de edición del texto y revisión del documento. Desde aquí no podemos ver columnas, márgenes, ni cabeceras y pies de página.
- Vista Diseño Web. Muestra el documento tal y como aparecería en un navegador Web.
- Vista Diseño de impresión. Muestra el documento tal y como quedará cuando se imprima.
- Vista Esquema. Simplifica el formato del texto indicando la estructura del documento, lo que le va a permitir el desplazamiento rápido por él, cambiar el

nivel de los títulos y reorganizar grandes cantidades de texto, mediante el desplazamiento de los títulos.

Para cambiar la opción de presentación:

1. Haga clic sobre el menú Ver.
2. Haga clic sobre la presentación que desee.

Una forma rápida de cambiar la presentación del documento es hacer clic sobre el botón que corresponda, de los que están situados en la esquina inferior izquierda de la pantalla, junto a la barra de desplazamiento horizontal (véase figura 2.8).

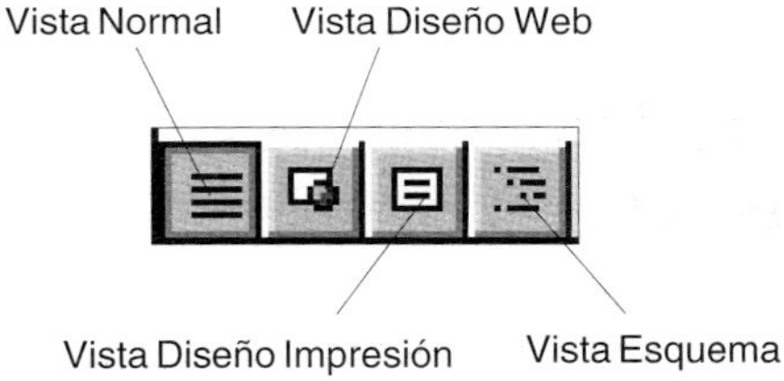

Figura 2.8

Cómo ver el documento en pantalla completa

Una de las opciones del menú Ver es Pantalla completa que retira de la pantalla aquellos elementos que puedan distraer la atención como, por ejemplo, las barras de herramientas. Para activar la opción:

1. Seleccione Ver / Pantalla completa. Obtendrá el documento como en la figura 2.9.

Para desactivar la opción:

2. Pulse <**Alt-T**> o <**Esc**> o haga clic sobre el botón Cerrar pantalla completa.

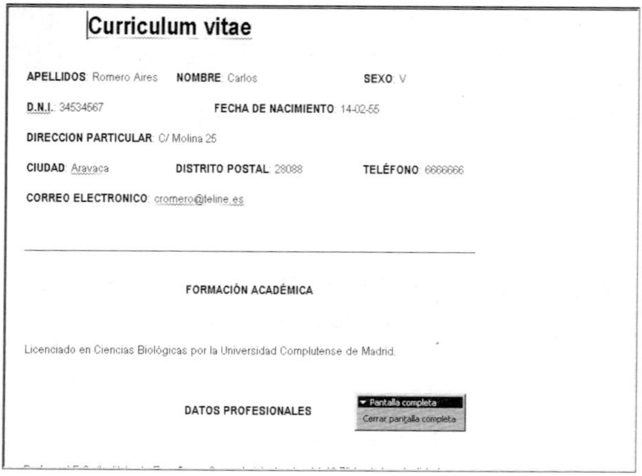

Figura 2.9

Es posible modificar el tamaño de lo que se visualiza, desde el control numérico del Zoom, al que se llega mediante el botón de la barra de herramientas o seleccionando Ver / Zoom*), que permite seleccionar porcentajes entre el 10% y el 500%, para "ACERCAR" la vista del documento o para "ALEJARLA". Por ejemplo, en la figura 2.10 se ha elegido el 200%. También se puede elegir* Ancho de la página, Toda la página *y* Dos páginas.

Si se desea ver, a la vez, el documento en dos pantallas, se puede usar el cuadro de división situado en la parte superior de la barra de desplazamiento vertical. Cuando el puntero del ratón se transforme en una doble flecha vertical, arrastre la barra de división a la posición deseada.

Cómo activar el Mapa del Documento

Una característica muy útil para recorrer documentos de gran extensión es el mapa del documento. Al activarlo se abre una zona de escaparate en la parte izquierda del documento, separada por una línea que incorpora un panel de desplazamiento capaz de cambiar de tamaño (véase figura 2.10). A partir del esquema de títulos presentes en el documento, y referenciados en dicha área, se puede saltar a esa parte del documento con sólo hacer clic sobre uno de los títulos de la lista.

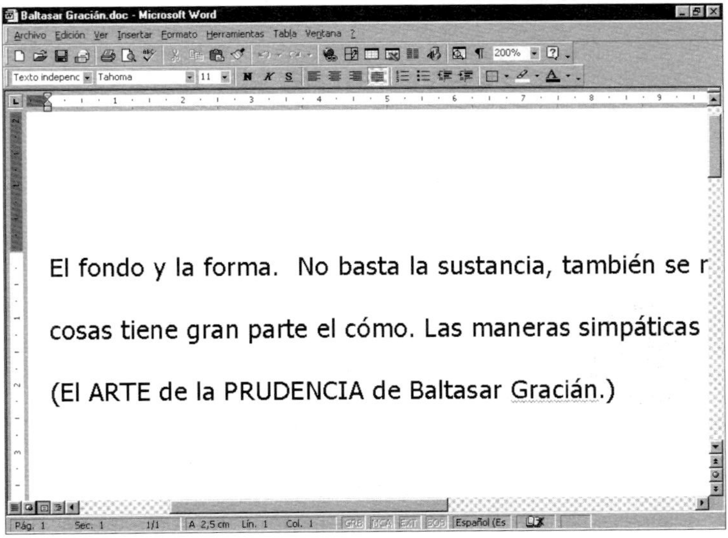

Figura 2.10

Qué hemos aprendido

- A escribir un texto sencillo.
- A corregir errores.
- A seleccionar palabras, frases, párrafos... dentro de un documento.
- A guardar documentos.
- A cerrar un documento.
- A abrir documentos almacenados previamente en el disco.
- A cambiar la presentación del documento en pantalla.

Ejercicios

1. Abra un nuevo documento y teclee el texto siguiente:

    Cuando pienso en la breve duración de mi vida, inmersa en la eternidad anterior y siguiente, el pequeño espacio que lleno y que incluso veo, abismado en la infinita inmensidad de los espacios que ignoro y que a mí me ignoran, me espanto y me asombro de verme aquí en vez de allá, porque no hay ninguna razón para que sea aquí donde esté, en vez de allá, o ahora, en vez de en otro tiempo.

    Blaise Pascal.
    Pensamientos: Elogio de la contradicción

2. Guarde lo escrito y asígnele al archivo el nombre de Blaise Pascal.
3. Cierre el documento. ¿Dé qué otras maneras podría cerrarlo?
4. Abra el documento y seleccione sucesivamente una palabra, una frase, un párrafo, todo el documento y la primera línea.
5. Investigue el programa: ¿Qué diferencias existen al trabajar en vista Diseño de impresión y vista Normal?

Lección 3

Operaciones con bloques de texto

Introducción

En la lección anterior se explicó cómo seleccionar texto en el documento. En ésta se enseñarán cuestiones básicas referentes a la selección de bloques de texto. Aprenderá a borrar el texto seleccionado, a copiarlo en otro sitio y a desplazarlo a otra posición. También se mostrará cómo visualizar los epígrafes fundamentales de un documento (mapa del documento), cómo cambiar el fondo de la pantalla y otras opciones que le facilitarán el trabajo con el programa.

Qué es un bloque de texto

Cuando se trabaja con un procesador de textos, se considera como *bloque* a todo el texto que se seleccione utilizando el teclado o el ratón. La figura 3.1 muestra un documento de tres párrafos en el que parte del primero es el bloque seleccionado.

Cómo mover un bloque de texto

La forma más sencilla de mover un bloque de texto seleccionado es arrastrarlo con el ratón hasta la nueva posición.

1. Seleccione el texto a mover, por ejemplo, el segundo párrafo de la figura 3.2.
2. Posicione el puntero del ratón en el interior del bloque seleccionado.

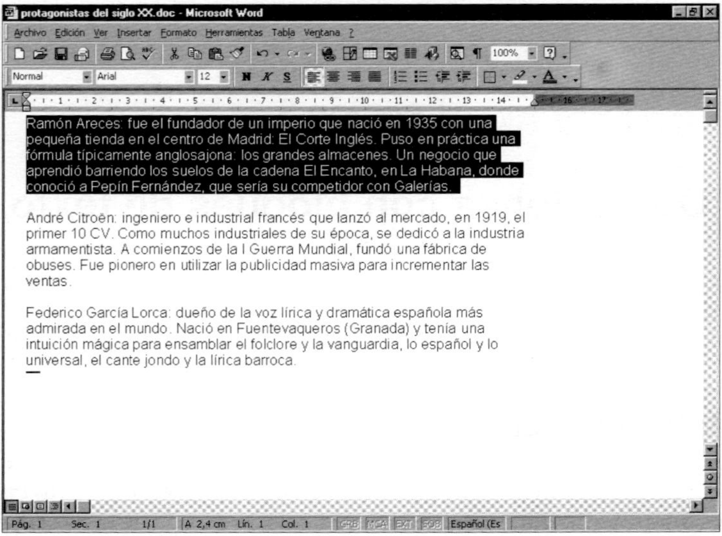

Figura 3.1

3. Arrastre el ratón hasta la nueva posición, por ejemplo, al principio del documento como en la figura 3.3.

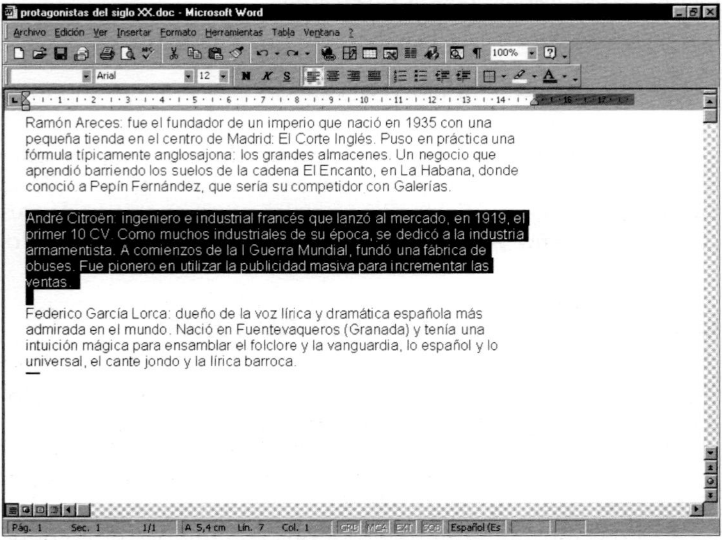

Figura 3.2

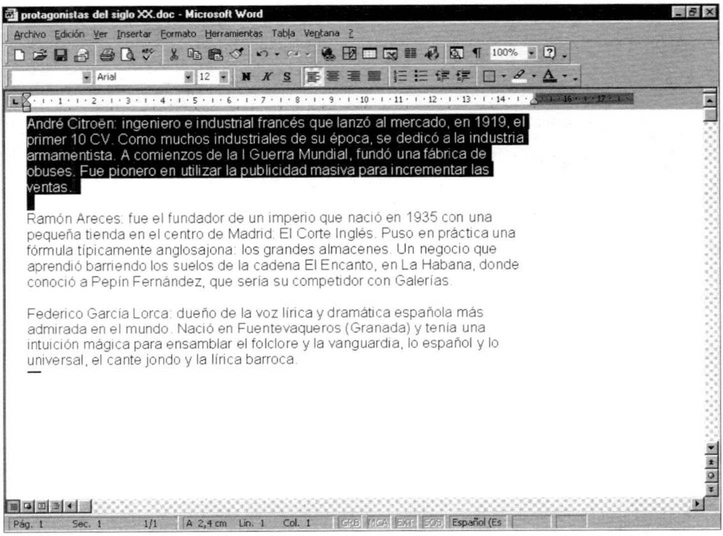

Figura 3.3

4. Haga clic sobre cualquier punto del documento para eliminar la selección.

Cómo mover un bloque de texto utilizando el Portapapeles

El procedimiento alternativo para mover un texto consiste en "cortarlo" enviándolo al Portapapeles (zona reservada de la memoria en la que se almacena información) y "pegarlo" después en el sitio deseado. Los pasos a seguir son éstos:

1. Seleccione el texto a mover, por ejemplo, el primer párrafo de la figura 3.3.
2. Seleccione Edición / Cortar para enviar al Portapapeles el bloque de texto seleccionado. El bloque desaparecerá del documento (véase figura 3.4).
3. Haga clic sobre el punto del documento en el que se desee situar el texto que está contenido en el Portapapeles, por ejemplo, al principio del tercer párrafo.
4. Seleccione Edición / Pegar. El párrafo se añadirá al documento, el cual tendrá de nuevo el aspecto de la figura 3.2.

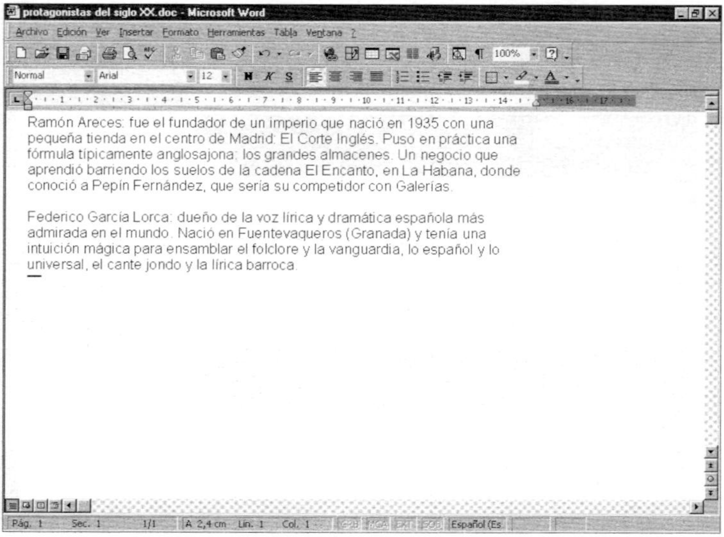

Figura 3.4

*Para enviar el texto seleccionado al Portapapeles puede utilizar el botón de la barra de herramientas o pulsar <**Control-X**>.*

*Para pegar el texto almacenado en el Portapapeles puede utilizar el botón de la barra de herramientas o pulsar <**Control-V**>.*

Cómo copiar un bloque de texto

Para copiar un bloque de texto seleccionado basta con arrastrarlo con el ratón hasta la nueva posición, manteniendo pulsada la tecla <**Control**>.

1. Seleccione el texto a copiar, por ejemplo, el segundo párrafo de la figura 3.2.
2. Sitúe el puntero del ratón dentro del bloque seleccionado.
3. Pulse la tecla <**Control**> y, sin soltarla, arrastre el ratón hasta la nueva posición, por ejemplo, al principio del documento como en la figura 3.5. Durante el proceso, el puntero del ratón presenta un signo "+".

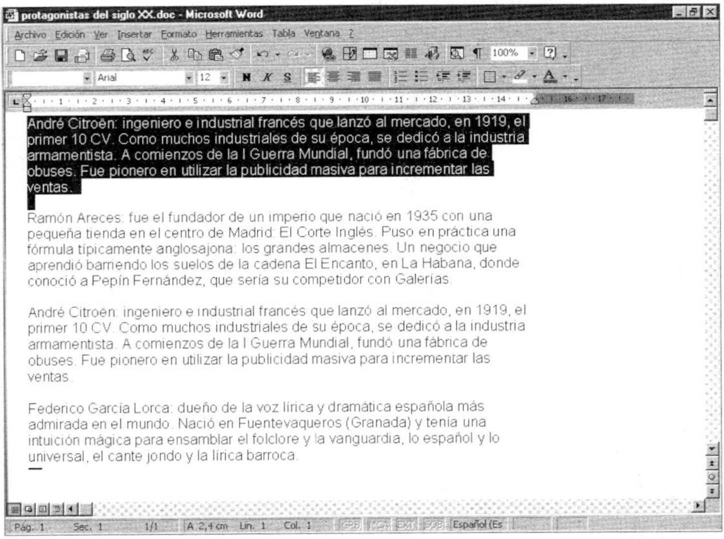

Figura 3.5

4. Haga clic sobre cualquier punto del documento para eliminar la selección.

Cómo borrar un bloque de texto

En realidad, el hecho de seleccionar un bloque de texto y "cortarlo" como se hizo en los primeros apartados supone borrarlo del documento. Otra posibilidad es borrarlo con la opción correspondiente del menú o con la tecla <**Supr**>.

1. Seleccione el bloque a borrar, por ejemplo, el párrafo que acaba de copiar (véase figura 3.5).
2. Seleccione Edición / Borrar o pulse la tecla <**Supr**>.

Cómo copiar un bloque de texto utilizando el Portapapeles

El procedimiento alternativo para copiar un texto consiste en "copiarlo" al Portapapeles y "pegarlo" después en el sitio (o sitios) deseado. Como ejemplo, realizaremos la misma copia realizada anteriormente:

1. Seleccione el texto a copiar, por ejemplo, el segundo párrafo de la figura 3.2.
2. Seleccione Edición / Copiar para enviar al Portapapeles el bloque de texto seleccionado. El bloque permanecerá en el documento.

*Para copiar el texto seleccionado al Portapapeles puede utilizar el botón de la barra de herramientas o pulsar <**Control-C**>.*

3. Haga clic sobre el punto del documento en el que se desee copiar el texto que está contenido en el Portapapeles, por ejemplo, al principio del documento.
4. Seleccione Edición / Pegar. El párrafo se añadirá al documento que tendrá de nuevo el aspecto que muestra la figura 3.5.

Cómo deshacer las operaciones con bloques

Las últimas operaciones efectuadas, en particular las que afectan a bloques (copiar, borrar, mover) pueden deshacerse eligiendo la primera opción del menú Edición: Deshacer..., o haciendo clic sobre el botón Deshacer de la barra de herramientas, Pegar todo o, también, pulsando la combinación <**Control-Z**>.

Cómo utilizar la Barra del Portapapeles: Reunir y Pegar

La barra de herramientas de Word 2000, Portapapeles, permite gestionar la nueva característica "Reunir y Pegar": cuando se "copia" o se "corta" un bloque de texto (u otro elemento de Office), éste se envía al Portapapeles. Con la barra Portapapeles presente en la pantalla, se pueden seguir enviando bloques hasta un máximo de 10 "copias" ("clips"), las cuales pueden ser "pegadas" posteriormente en donde se desee.

1. Pulse el botón derecho sobre el área de barras y seleccione Portapapeles. Aparecerá la barra "flotando" en la ventana pero se puede arrastrar junto al resto de barras visualizadas.
2. Seleccione el bloque de texto que se desea copiar en el Portapapeles, por ejemplo el primer párrafo de la figura 3.1.
3. Haga clic sobre el botón Copiar de la barra de herramientas, de la barra de herramientas Portapapeles.
4. Repita la operación con los otros dos bloques. Estos tendrán su icono correspondiente en la barra Portapapeles (véase figura 3.6).
5. Haga clic sobre el punto del documento en el que desea pegar algún bloque del Portapapeles.
6. Sitúe el ratón sobre los distintos iconos de "clips" hasta que la descripción emergente corresponda al que se desea y haga clic sobre él (véase figura 3.6).

Figura 3.6

Pueden copiarse a la vez todos los bloques del Portapapeles mediante el botón . Asimismo, puede borrarse todo su contenido mediante el botón .

7. Cierre, si lo desea, la barra de herramientas Portapapeles.

Cómo trabajar con varios documentos abiertos

Word 2000 permite abrir varios documentos, visualizándose cada uno de ellos en su correspondiente ventana, observándose entonces los correspondientes iconos en la barra de tareas de Windows. Por ejemplo, si se tienen abiertos tres documentos distintos, en la barra de tareas aparecerá el icono de cada

Figura 3.7

uno de ellos como en la figura 3.7.

Para activar uno u otro documento se puede optar por:

- Hacer clic sobre su icono en la barra de tareas (quizás lo más fácil).
- Abrir el menú Ventana y seleccionarlo de la lista ofrecida (véase figura 3.8).
- Pulsar <**Control-F6**>, que rota por todos los documentos abiertos, hasta visualizar el que se desea.

Todo ello permite pasar información de un documento en otro: en efecto, si se selecciona un bloque de texto en un documento y se "copia" al Portapapeles, se puede activar otro documento distinto y "pegarlo" en él, en el punto que se desee.

Otra posibilidad de efectuar la operación es la que se describe a continuación:

1. Abra un documento, por ejemplo el de la figura 3.1, en una ventana de Word.
2. Haga clic sobre el botón de la barra de herramientas que abre un documento Word nuevo.
3. Asegúrese de que el resto de programas que tenga abiertos están "minimizados".
4. Pulse el botón derecho del ratón sobre algún punto vacío de la barra de tareas y seleccione Mosaico Horizontal. Las dos ventanas mostrarán el aspecto de la figura 3.9.

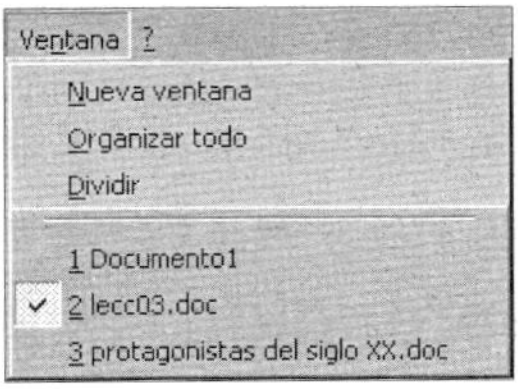

Figura 3.8

5. Seleccione un bloque de texto en una y, manteniendo pulsada la tecla <**Control**>, arrástrelo a la otra. El texto así se copiará en el nuevo documento, como se observa en la figura 3.9.

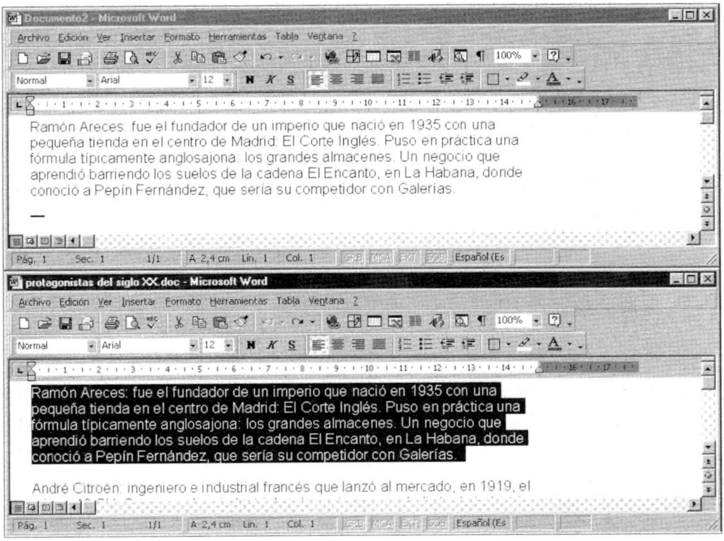

Figura 3.9

Finalmente, a la hora de cerrar los documentos abiertos hay que tener en cuenta que:

- Se puede cerrar cada documento abierto haciendo clic sobre su botón de Cerrar. Cuando se tenga en pantalla un solo documento, aparecerán dos botones de "cerrar": el de la aplicación Word 2000, el superior, que cerrará el programa; y el del documento abierto, el inferior, que sólo cerrará éste.

- Si se selecciona en cualquiera de ellos **Archivo / Salir** se cerrarán todos simultánemente (con la advertencia de "guardar cada uno" si no se hubiera hecho ya).

Qué hemos aprendido

- A utilizar bloques de texto, copiando, moviendo y borrando partes de un documento.
- A utilizar **Cortar y Pegar** con el Portapapeles.
- A utilizar **Copiar y Pegar** con el Portapapeles.
- A utilizar la barra de herramientas **Portapapeles.**
- A manejar varios documentos abiertos en Word 2000.

Ejercicios

1. Abra el archivo Blaise Pascal, en modo **Vista Diseño de impresión**, seleccione el segundo párrafo (autor y título del libro) y, con la característica **Copiar y Pegar**, cópielo al principio del documento (véase figura 3.10).

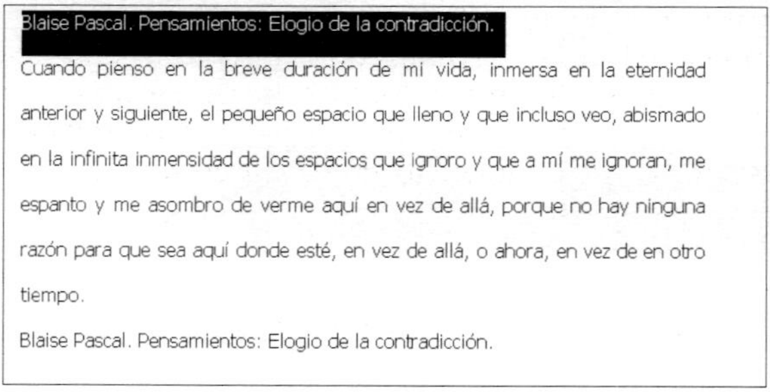
Blaise Pascal. Pensamientos: Elogio de la contradicción.

Cuando pienso en la breve duración de mi vida, inmersa en la eternidad anterior y siguiente, el pequeño espacio que lleno y que incluso veo, abismado en la infinita inmensidad de los espacios que ignoro y que a mí me ignoran, me espanto y me asombro de verme aquí en vez de allá, porque no hay ninguna razón para que sea aquí donde esté, en vez de allá, o ahora, en vez de en otro tiempo.

Blaise Pascal. Pensamientos: Elogio de la contradicción.

Figura 3.10

2. Borre el bloque de texto copiado.
3. Intercambie los párrafos primero y segundo, con la técnica de **Cortar y Pegar.**
4. Abra la barra de herramientas **Portapapeles**, copie varios bloques y péguelos después en otro documento nuevo.
5. Investigue el programa: ¿en qué consiste la nueva característica "hacer doble clic y escribir"?

Lección 4

Cambio de aspecto del documento

Introducción

Uno de los objetivos que se deben tener en cuenta en la confección de todo tipo de documentos, es que la presentación de éstos sea lo más adecuada posible al fin que se persigue con ellos. Con Word 2000 hay múltiples caminos para realzar los trabajos.

En esta lección se describirán todas las operaciones más típicas destinadas a cambiar el aspecto del documento: uso de distintos tipos de letra y tamaños; especificación de atributos, de colores, de bordes y sombreados... Estas operaciones afectarán fundamentalmente a texto seleccionado o a párrafos, como aquí se indicará. También se enseñará a cambiar el fondo del documento, por si acaso dicho cambio conviniera a los objetivos pretendidos.

Cómo dar formato a un texto

En general, para dar formato a un texto ya escrito, se puede proceder de esta forma:

1. Escriba algunos párrafos de un documento.
2. Seleccione un bloque de texto.
3. Aplique sobre el mismo, la opción u opciones de formato pertinentes.

Alternativamente, podemos:

4. Situar el punto de inserción a partir de dónde se desea escribir con un determinado formato.
5. Elegir el tipo de formato (por ejemplo, el texto en negrita).
6. Introducir el texto. Se verá entonces que se cumplen las especificaciones de formato del texto introducido a partir del punto de inserción (es decir, en el caso mencionado, se escribirá el texto en negrita), y que éstas sólo cambiaran, al cambiar el tipo de formato, o al cambiar el punto de inserción a otra parte del documento.

Para comprender mejor las explicaciones sobre las diferentes opciones de Formato, se puede crear un documento nuevo e introducir el texto siguiente (véase figura 4.1):

`"De igual manera que no estimamos la ciencia de los médicos por sí misma sino por la salud que causa, y el arte del piloto no se alaba en virtud de su técnica sino por su utilidad, así la sabiduría, que debe considerarse como el arte del vivir, no se desearía si no aportase nada, pero en cambio se desea porque es como artífice para conseguir y buscar el placer."`

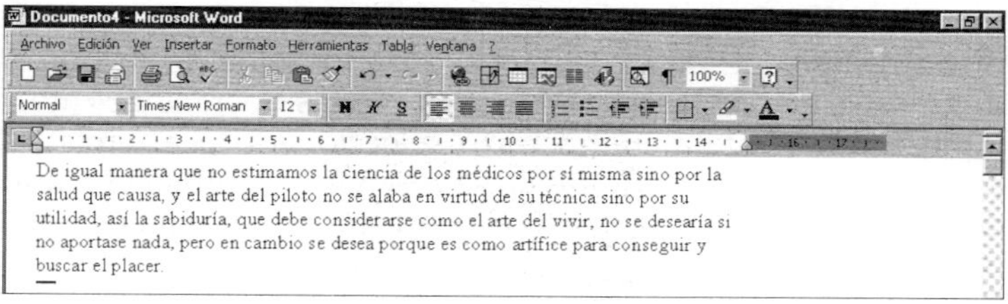

Figura 4.1

Recordemos la conveniencia de guardarlo, para no perder el documento, lo que se puede hacer seleccionando Archivo / Guardar como... y asignándole un nombre al archivo, por ejemplo `Epicuro`, en honor del autor de esta máxima para una vida feliz.

La barra de herramientas Formato

A la hora de dar formato a un texto, es conveniente tener visible la barra de herramientas Formato que contiene los botones que permitirán realizar las distintas operaciones de la forma más sencilla (véase figura 4.2). Para abrirla, en caso de que no lo estuviera ya:

1. Pulse el botón derecho del ratón sobre cualquier punto de la barra de herramientas activa.
2. Active la opción Formato. En la figura 4.2, la barra aparece inmediatamente después de la barra de herramientas Estándar, lo que se ha conseguido arrastrándola hasta el sitio.

Figura 4.2

3. El último botón de la barra a la derecha, Más botones, permite, al hacer clic sobre él y sobre Agregar o quitar botones, acceder a un menú (véase figura 4.3) desde donde se puede añadir nuevos botones (véase figura 4.4) o eliminarlos de la misma, simplemente haciendo clic sobre la opción del botón.

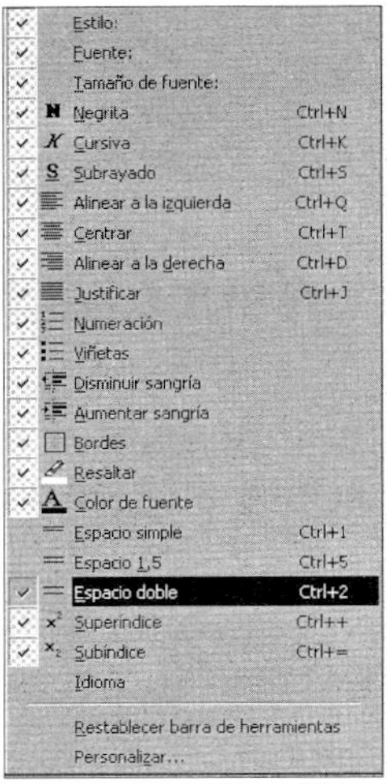

Figura 4.3

Figura 4.4

Cómo resaltar en negrita el texto

Como se ha dicho antes, se puede resaltar un texto antes o después de escribirlo. En este caso, como ya está escrito, proceda de esta forma:

1. Seleccione el texto, por ejemplo "así la sabiduría".
2. Haga clic sobre el botón Negrita **N** de la barra de herramientas de Formato (véase figura 4.5).

Se puede resaltar un texto seleccionado en negrita pulsando <**Control-N**>.

Para resaltar un texto, no escrito todavía, en negrita, puede hacer clic sobre el botón **N**, *escribir el texto y hacer clic de nuevo sobre el botón* **N**.

Cómo resaltar en subrayado un bloque de texto

El procedimiento para resaltar un texto con subrayado es similar al anterior.

1. Seleccione el texto, por ejemplo "el arte de vivir".
2. Haga clic sobre el botón Subrayado S (véase figura 4.5).

Cómo resaltar en cursiva un bloque de texto

En el caso de querer cambiar un bloque de texto a cursiva:

1. Seleccione el texto, por ejemplo "buscar el placer".
2. Haga clic sobre el botón Cursiva (véase figura 4.3).

*Puede subrayarse el texto seleccionado desde el teclado mediante <**Control-S**>. De igual forma, puede resaltarse el texto en cursiva pulsando <**Control-K**>.*

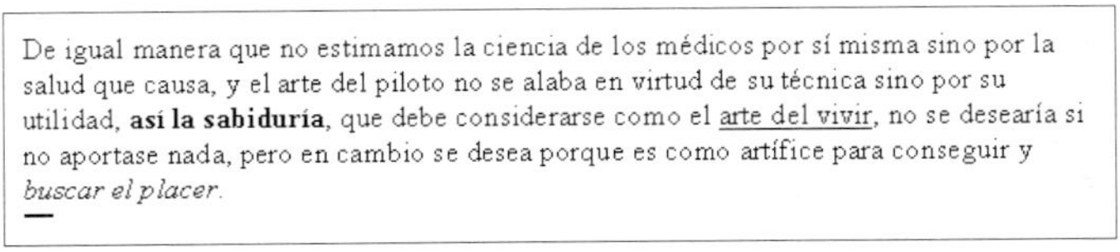

De igual manera que no estimamos la ciencia de los médicos por sí misma sino por la salud que causa, y el arte del piloto no se alaba en virtud de su técnica sino por su utilidad, **así la sabiduría**, que debe considerarse como el arte del vivir, no se desearía si no aportase nada, pero en cambio se desea porque es como artífice para conseguir y *buscar el placer*.

Figura 4.5

Cómo cambiar el tipo de letra de un texto

Si se desea cambiar el tipo de letra (o de los números), lo que se denomina genéricamente *cambiar la fuente*, se puede optar por hacerlo:

- Desde la barra de herramientas Formato (cuadro Fuente).
- Desde la barra de menús, seleccionando Formato / Fuente... para abrir el cuadro de diálogo de la figura 4.6, en el que está abierta la ficha Fuente.

La figura 4.7 muestras algunas posibilidades en cuanto a elección de fuentes.

A continuación se cambiará el tipo de letra de algunos bloques de texto del documento:

1. Sitúe el punto de inserción al principio del documento y pulse <**Intro**> para crear una línea vacía.
2. Escriba un texto para el título, por ejemplo `EPICURO`.
3. Seleccione el texto escrito.
4. Haga clic sobre el cuadro Fuente (en la punta de flecha de la derecha) de la barra Formato. Aparecen las fuentes disponibles como en la figura 4.7.

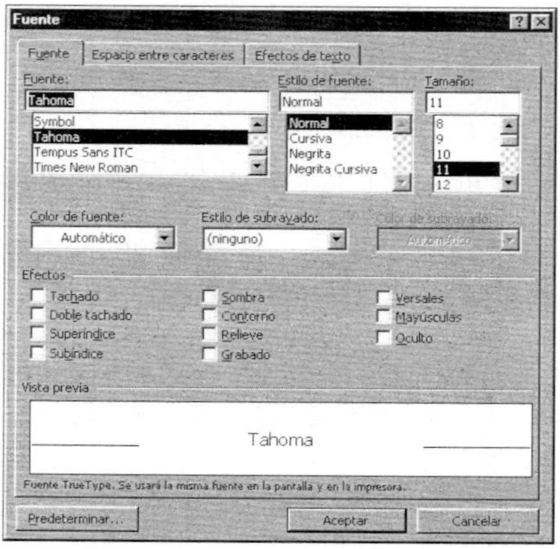

Figura 4.6

Figura 4.7

5. Seleccione el tipo de letra que desee, que sustituirá a la ya existente (véase figura 4.9).

Cómo cambiar el tamaño del tipo de letra

Otra posibilidad a nuestro alcance es cambiar el tamaño de la fuente elegida.

Como en el caso anterior, esto se puede hacer...

- Desde la barra de herramientas Formato (cuadro Tamaño de fuente).
- Desde la barra de menús, seleccionando Formato / Fuente... para abrir el cuadro de diálogo de la figura

4.6 (ficha **Fuente**) y seleccionar desde él el tamaño deseado.

1. Seleccione el texto, en este caso el título: `EPICURO`.
2. Haga clic sobre el cuadro **Tamaño de fuente** de la barra de formato. Aparecen los tamaños disponibles como en la figura 4.8.

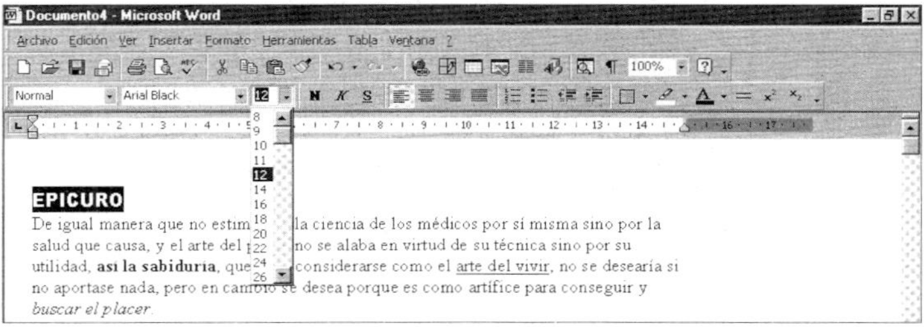

Figura 4.8

3. Seleccione el tamaño que desee (véase figura 4.9).

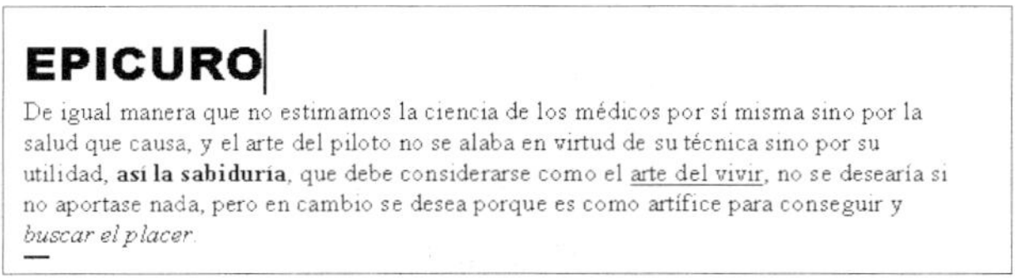

Figura 4.9

El símbolo TT ⊤ o TrueType; indica que, al imprimir el texto, aparecerá en el papel tal y como lo vemos en pantalla. Las fuentes que no anteponen TT a su nombre, pueden o no funcionar correctamente en nuestra impresora.

Cómo cambiar el texto de color

Uno de los aspectos más llamativos de un procesador de texto es la posibilidad de asignar diferentes colores al texto que aparece en el documento. De nuevo, se dispone de dos posibilidades: con el botón Color de fuente de la barra de herramientas Formato o a partir de la lista desplegable Color del cuadro de diálogo de la figura 4.6.

Los tamaños de las fuentes se miden en puntos, equivaliendo un punto a 1/72 pulgadas; 36 puntos serían media pulgada y una pulgada equivale a 2,54 centímetros. Todas las fuentes True Type son escalables, *lo que quiere decir que puede asignar el valor numérico que considere oportuno (de medio en medio punto): 11, 12, 12,5, 17,5, etc.*

1. Seleccione el texto que cambiará de color (por ejemplo, EPICURO).
2. Abra la lista desplegable Color de fuente (haciendo clic sobre la punta de flecha hacia abajo que se encuentra a la derecha, en el botón). Aparecerá el cuadro de diálogo de la figura 4.10.

Figura 4.10

3. Seleccione el color que desee (véase figura 4.11).

Cómo resaltar con colores fluorescentes

Se puede resaltar con colores fluorescentes aquellas partes del texto que se consideren más significativas.

1. Seleccione el texto a resaltar, por ejemplo, EPICURO.

2. Abra la lista desplegable Resaltar (haciendo clic sobre la flecha hacia abajo que se encuentra a la derecha del botón del mismo nombre,).
3. Seleccione el color.

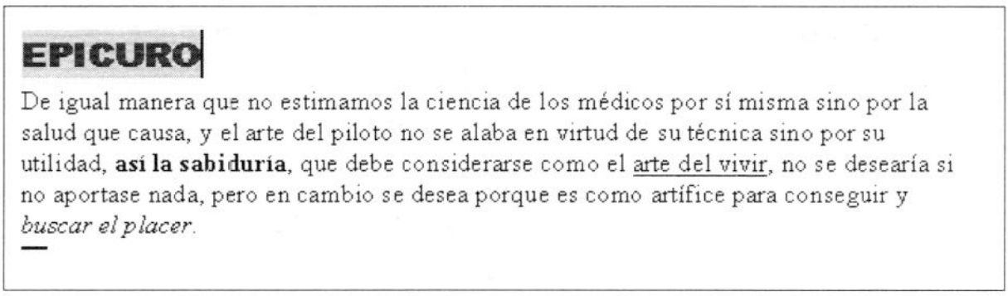

EPICURO

De igual manera que no estimamos la ciencia de los médicos por sí misma sino por la salud que causa, y el arte del piloto no se alaba en virtud de su técnica sino por su utilidad, **así la sabiduría**, que debe considerarse como el arte del vivir, no se desearía si no aportase nada, pero en cambio se desea porque es como artífice para conseguir y *buscar el placer*.

Figura 4.11

Para aplicar los últimos colores utilizados al bloque de texto seleccionado, tanto para la fuente como para el resaltado, puede hacer clic respectivamente sobre los botones y (el color activo figura en la base de cada icono).

Si va a imprimir en blanco y negro, utilice colores claros, para evitar que el texto resaltado se oculte.

Cómo añadir efectos al texto

Word 2000 permite añadir distintos efectos al texto:

1. Seleccione un bloque de texto y Formato / Fuente.
2. Active la ficha Efectos de texto.
3. Elija uno de los ofrecidos (véase figura 4.12).
4. Haga clic sobre el botón Aceptar. El texto tomará el efecto seleccionado como en la figura 4.12.

Formato de párrafos

A continuación se describirán algunas operaciones de *formateo* que afectan a uno de los elementos más característicos

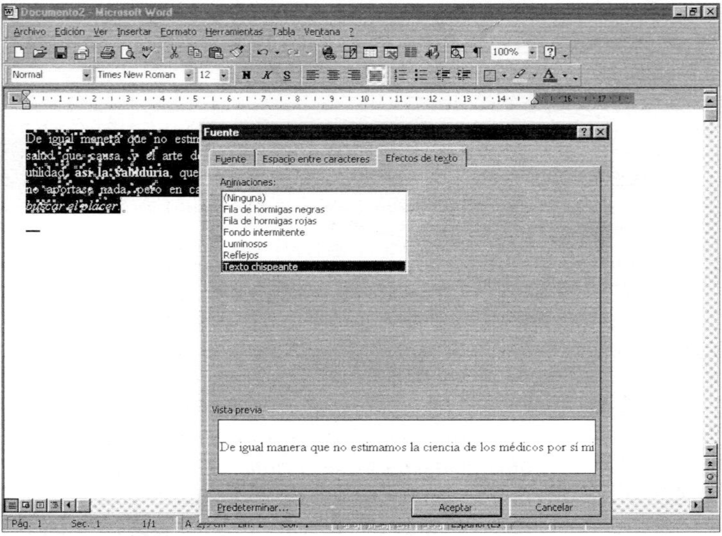

Figura 4.12

de todo documento: el párrafo (recuerde: todo lo que se escriba hasta el punto y aparte). Word 2000 ofrece distintas posibilidades: alineamiento, indentación, espaciado entre líneas...

Cómo alinear el texto de un párrafo

Word permite alinear de distintas formas el texto de una línea o párrafo: a la izquierda, centrado o a la derecha (véase figura 4.13). Para ello, se pueden utilizar los botones de la barra de herramientas Formato , y , respectivamente.

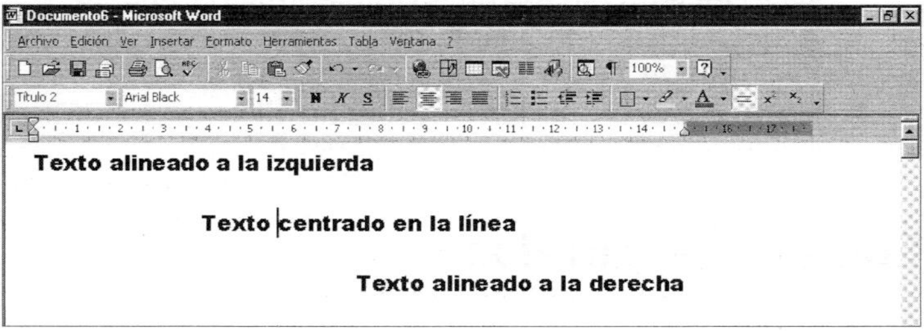

Figura 4.13

Además, de forma similar a lo que ocurre en muchas publicaciones y documentos, permite "justificar" el texto escrito, otra forma más de alineamiento, de manera que éste comience y termine en la misma línea, dejando en medio los espacios en blanco que fueran necesarios convenientemente distribuidos, ofreciendo así un mejor aspecto. Para ello se utilizaría el botón ≣, quedando el documento como en la figura 4.14.

> De igual manera que no estimamos la ciencia de los médicos por sí misma sino por la salud que causa, y el arte del piloto no se alaba en virtud de su técnica sino por su utilidad, **así la sabiduría**, que debe considerarse como el arte del vivir, no se desearía si no aportase nada, pero en cambio se desea porque es como artífice para conseguir y *buscar el placer*.

Figura 4.14

Por ejemplo, para centrar el título del documento:

1. Haga clic dentro del título. Seleccionará así el párrafo que forma.
2. Haga clic sobre el botón ≣ (véase figura 4.15).

Cómo activar el visor de formatos

Word 2000 permite mostrar los formatos añadidos a algún fragmento del documento. Para ello:

1. Pulse <**Mayús-F1**> o seleccione ? / ¿Qué es esto?
2. Haga clic sobre el punto del que se desee conocer el formato (véase figura 4.15).
3. Continúe haciendo clic sobre otros puntos.
4. Pulse <**Esc**> para desactivarlo.

Cómo añadir bordes

Con Word 2000 se pueden aplicar hasta 150 estilos de bordes diferentes a cualquier párrafo del documento o bloque de texto de él. Resulta muy fácil situar un borde a un lado de la página, en todos los lados, alrededor de una palabra, de un párrafo, de un objeto de dibujo, de un cuadro de texto, de una tabla, de una imagen o en el texto seleccionado de un

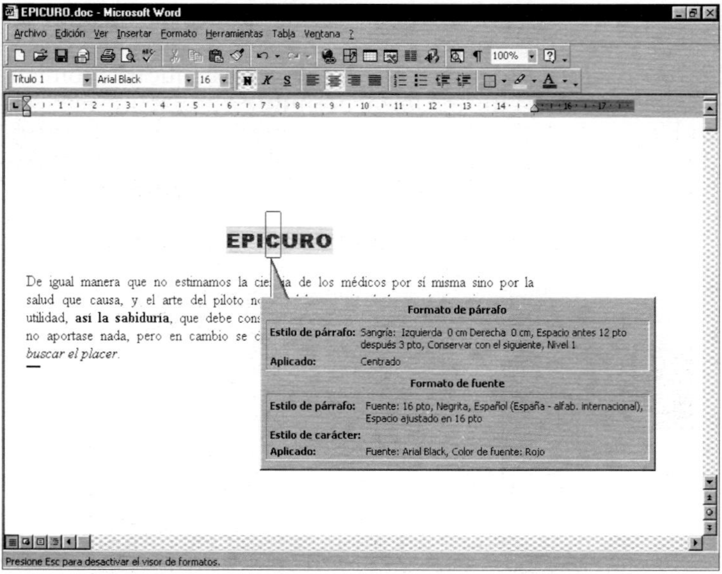

Figura 4.15

documento. Algunos ejemplos de bordes posibles se muestran en la figura 4.16.

Autor	Título	Genero	Páginas
Cervantes	D. Quijote	Novela	1300
J. Marías	Corazón tan blanco	Novela	760
J. Barnes	Hablando del asunto	Novela	340

Figura 4.16

1. Seleccione el párrafo o bloque de texto sobre el que se desea situar el borde. Por ejemplo, el texto de algún párrafo.
2. Seleccione Formato / Bordes y Sombreado... Aparecerá el cuadro de diálogo de la figura 4.17 que contiene 3 fichas: Bordes, Borde de página y Sombreado.
3. Seleccione el tipo de borde, el estilo, el color y el ancho de borde de forma similar a la que se muestra en la

figura 4.17. Observe en ella que en la zona Vista previa aparece el resultado de la selección.

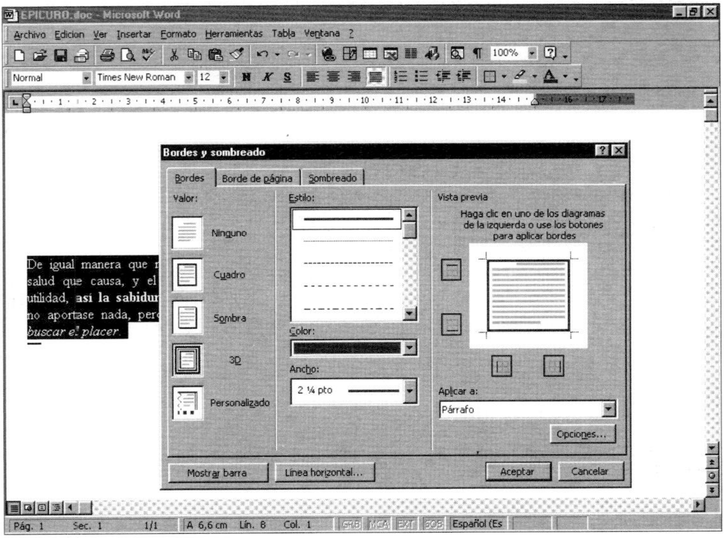

Figura 4.17

4. Haga clic sobre Aceptar y obtendrá la figura 4.18.

EPICURO

De igual manera que no estimamos la ciencia de los médicos por sí misma sino por la salud que causa, y el arte del piloto no se alaba en virtud de su técnica sino por su utilidad, **así la sabiduría**, que debe considerarse como el arte del vivir, no se desearía si no aportase nada, pero en cambio se desea porque es como artífice para conseguir y *buscar el placer*.

Figura 4.18

Word 2000 proporciona también más de 160 estilos de bordes de página que se pueden seleccionar desde la ficha Borde de página.

A la hora de situar bordes en pantalla, fíjese bien, en el cuadro de diálogo 4.17, qué opción elige en el campo Aplicar a: *y cámbiela en caso necesario.*

Cómo copiar el formato

Si cuando está escribiendo un documento, ha asignado un determinado formato a un párrafo o conjunto de caracteres, puede copiar dicho formato en otro texto situado en el documento. Por ejemplo, suponga que ha creado el documento de la figura 4.19 en el que ha asignado un determinado tipo de letra, tamaño y otros atributos al título. Entonces, puede añadir tales características al título del párrafo que figura más abajo.

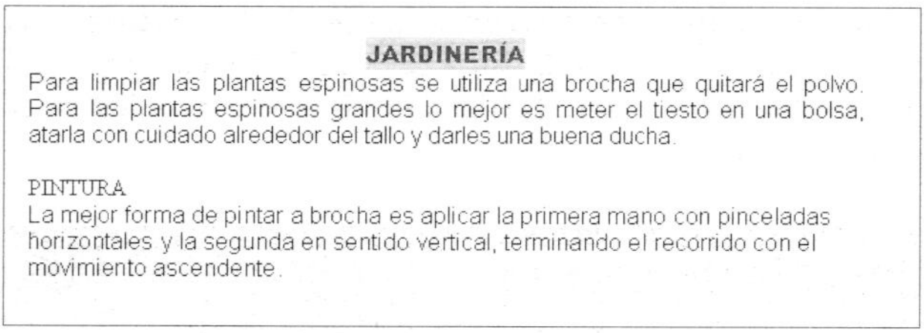
JARDINERÍA

Para limpiar las plantas espinosas se utiliza una brocha que quitará el polvo. Para las plantas espinosas grandes lo mejor es meter el tiesto en una bolsa, atarla con cuidado alrededor del tallo y darles una buena ducha.

PINTURA

La mejor forma de pintar a brocha es aplicar la primera mano con pinceladas horizontales y la segunda en sentido vertical, terminando el recorrido con el movimiento ascendente.

Figura 4.19

1. Sitúe el punto de inserción dentro del texto del que quiere copiar el formato, por ejemplo, dentro del título del documento.
2. Haga clic sobre el botón Copiar formato. Como por arte de magia, el puntero se transforma en una brocha y, allí donde haga clic con ella, se copiará el tipo de formato elegido.

Si se desea copiar el formato seleccionado en varias ubicaciones, haga doble clic en el botón, seleccione un texto y suelte el botón izquierdo; seleccione otro y suelte, así sucesivamente.

3. Haga clic sobre el texto en el que se desea copiar el formato. Repita la operación con otros bloques de texto (véase figura 4.20).

JARDINERÍA

Para limpiar las plantas espinosas se utiliza una brocha que quitará el polvo. Para las plantas espinosas grandes lo mejor es meter el tiesto en una bolsa, atarla con cuidado alrededor del tallo y darles una buena ducha.

PINTURA

La mejor forma de pintar a brocha es aplicar la primera mano con pinceladas horizontales y la segunda en sentido vertical, terminando el recorrido con el movimiento ascendente.

Figura 4.20

Cómo sangrar un párrafo

La sangría o indentación de un párrafo supone que éste se situará a la distancia del margen izquierdo (y/o derecho) que se especifique. Dentro de la sangría, existen distintas posibilidades: normal, 1ª línea, francesa... La figura 4.21 muestra algunos ejemplos.

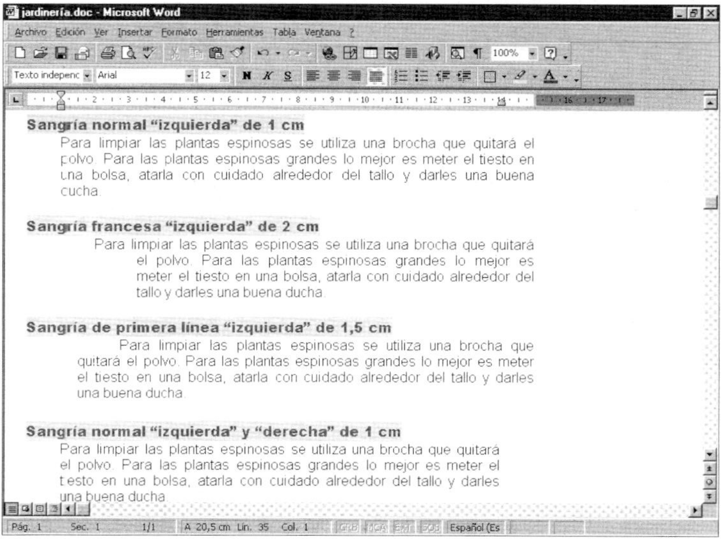

Figura 4.21

Para sangrar un párrafo:

1. Haga clic dentro del párrafo.
2. Seleccione **Formato / Párrafo**. Aparecerá el cuadro de diálogo de la figura 4.22.
3. Especifique un valor para la sangría izquierda, para la derecha, elija alguna de la lista desplegable **Especial**, la alineación...
4. Haga clic sobre el botón **Aceptar**.

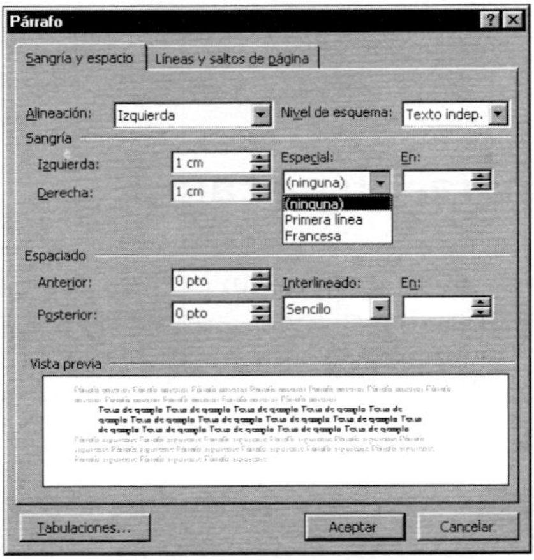

Figura 4.22

Se puede establecer la sangría en unos niveles predeterminados, haciendo clic sobre los botones ***Aumentar sangría*** *y* ***Disminuir sangría*** *de la barra de herramientas* ***Formato.*** *Por otro lado, si se hace clic al principio del párrafo y se pulsa* ***<Retroceso>*** *se eliminará la sangría establecida.*

Cómo cambiar el espaciado entre líneas

Otra posibilidad de dar formato a párrafos es especificar el espaciado entre líneas que convenga. Para ello:

1. Haga clic dentro de un párrafo.
2. Seleccione Formato / Párrafo (véase figura 4.22).
3. Abra la lista desplegable Interlineado.
4. Elija alguna de las opciones ofrecidas (sencillo, 1,5 líneas, doble...). Algunos ejemplos se muestran en la figura 4.23.

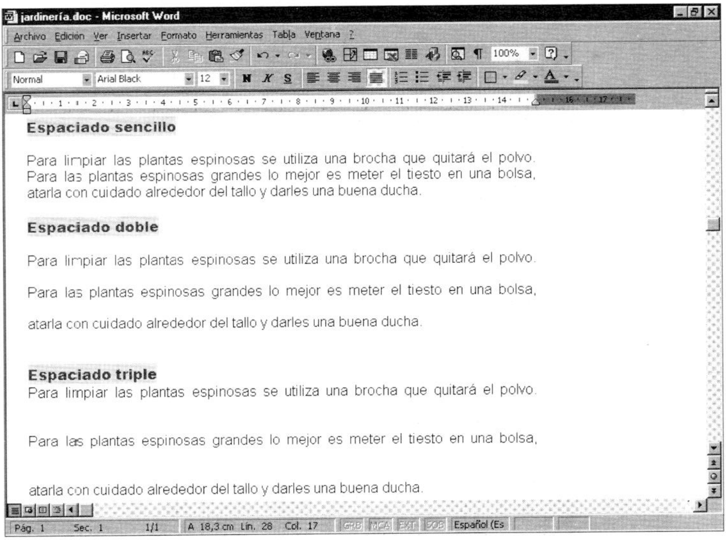

Figura 4.23

*Si se hace clic sobre el margen izquierdo de la página mientras se mantiene pulsada la tecla <**Control**>, se seleccionará todo el documento. Entonces, realizando la operación de cambio de interlineado anterior, se modificará éste en todo el documento.*

Cómo cambiar el fondo de pantalla

Finalmente se mencionará aquí la posibilidad de hacer que la lectura del documento resulte más atractiva (hay opiniones) en pantalla. Para ello se pueden agregar colores de fondo y texturas. Estos fondos sólo se pueden ver en la vista Diseño Web, y no se pueden imprimir.

Para elegir un fondo determinado:

1. Seleccione Formato / Fondo.
2. Elija, en el cuadro que aparece el color que desee. También puede hacer clic sobre Efectos de relleno, lo que le permitirá añadir como fondo de pantalla un color degradado (véase figura 4.24), una textura, una trama o importar una Imagen desde cualquier archivo.

Si, por ejemplo, elige degradado, las opciones a seleccionar, además de ser muy atractivas, son muy diversas: Un color, dos colores, y Preestablecer que a su vez muestra diferentes colores preestablecidos: Puesta de Sol, Anochecer, Caída de la noche, Amanecer, Horizonte, Desierto, Océano, Agua tranquila, Fuego, Niebla, Musgo, Pavo real, Trigo, Pergamino, Caoba, Arco iris, Arco iris II, Oro, Oro II, Bronce, Cromo, Cromo II, Plata, Zafiro.

Cómo presentar un fondo de ventana azul

Otra posibilidad de trabajar con Word 2000 es con un fondo azul en pantalla y texto en blanco. Para activarlo:

1. Seleccione Herramientas / Opciones.
2. Active la ficha General haciendo clic sobre su solapa.
3. Active la casilla Fondo Azul, texto blanco.
4. Haga clic sobre el botón Aceptar.
5. Repita los mismos pasos para desactivar la presentación elegida.

Qué hemos aprendido

- A resaltar un texto en negrita, cursiva y subrayado.
- A cambiar el tipo de letra (fuente), tamaño, y color.
- A añadir bordes y sombreados.
- A copiar formatos.
- A alinear párrafos.
- A sangrar párrafos.

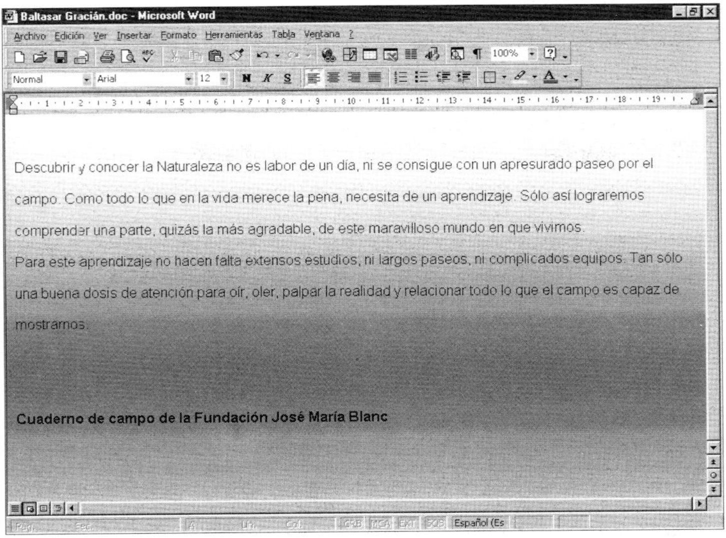

Figura 4.24

- A cambiar el espaciado entre líneas.
- A cambiar el fondo de la ventana.

Ejercicios

1. Escriba el siguiente texto:

   `"Un viejo campesino llega a casa de sus hijos para someterse a una revisión médica. Allí descubre su último amor, su nieto, una feliz criatura en la que volcar todo su amor y ternura".`

   Sangre el párrafo 2 cm. Después, subraye el texto "Allí descubre su último amor", resalte en negrita "Revisión médica" y, en cursiva, "amor y ternura".
2. Cambie el tipo de letra de la primera frase, y copie su formato en la segunda frase.
3. Introduzca un título y céntrelo en la línea (véase figura 4.25).
4. Añada un borde con sombra al título y otro al párrafo.

5. Investigue cómo incluir subíndices y superíndices: H_2O, $x^3=1$... (véase figura 4.26).

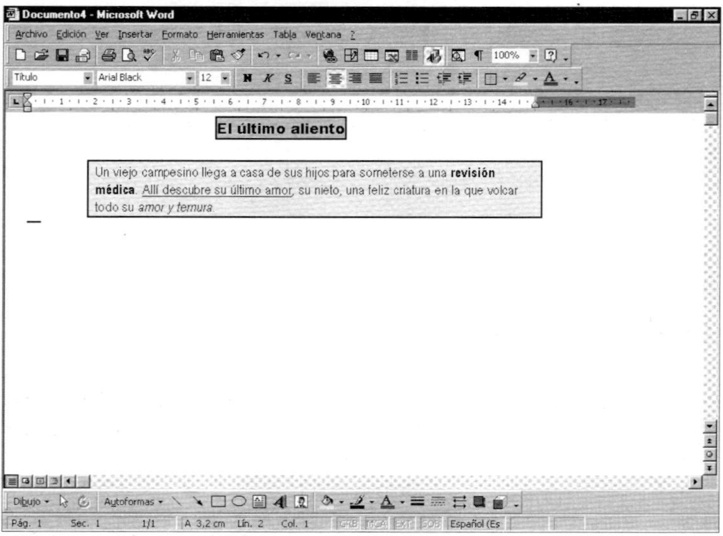

Figura 4.25

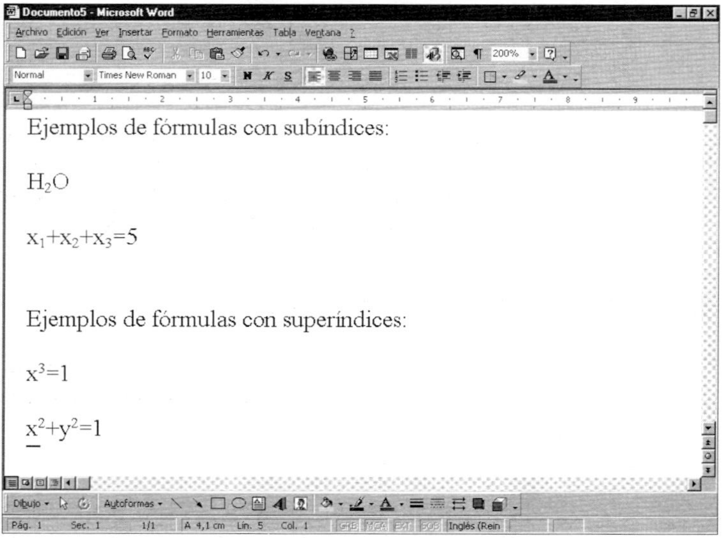

Figura 4.26

Lección 5

Automatización de tareas

Introducción

Word 2000 proporciona un amplio conjunto de funciones que permiten automatizar ciertas tareas habituales cuando se trabaja con un procesador de textos.

Algunas de sus características a este respecto son:

- La posibilidad de realizar una revisión ortográfica y gramatical del texto.
- La creación de diccionarios personalizados.
- La búsqueda y sustitución de texto en un documento.
- La utilización de sinónimos.
- Obtención de estadísticas del documento.

Para comprender mejor estas funciones automáticas y para facilitarle las tareas diarias, abra un documento nuevo, guárdelo con un nombre, teclee una página de texto y compruebe todo lo que, sin casi darse cuenta, mejora su trabajo.

Qué es la autocorrección

Word 2000 dispone de la característica Autocorreción que corrige automáticamente los errores más comunes de escritura, ortografía y gramática.

Veamos algunos ejemplos:

1. Introduzca dos letras mayúsculas seguidas. El programa detectará el posible error y sustituirá automáticamente la segunda por la correspondiente letra minúscula.

2. Escriba una frase cualquiera, añada el punto y seguido, y después del correspondiente espacio en blanco, escriba una palabra que comience con una letra minúscula, Autocorreción automáticamente la primera letra a mayúscula.
3. Si está escribiendo una palabra y, accidentalmente, pulsa la tecla <**BloqMayús**> y el texto posterior se escribe en mayúsculas, la palabra se corregirá automáticamente al pulsar <**Intro**> o <**Barra espaciadora**>. Por ejemplo, si escribe una palabra de la forma bARCELONA, Autocorreción la sustituirá por Barcelona.

Cómo visualizar las opciones de Autocorreción

Para visualizar, y en su caso modificar, las opciones de Autocorreción:

1. Seleccione Herramientas / Autocorrección... Aparecerá el cuadro de diálogo de la figura 5.1.
2. Explore los distintos cambios preestablecidos y haga clic sobre el botón Aceptar.
3. Por ejemplo, es posible introducir caracteres gráficos especiales tales como © o ® a partir de otros caracteres presentes en el teclado. La figura 5.1 muestra algunas de las posibilidades. Por ejemplo, para obtener el carácter del Copyright, habría que teclear los caracteres: (, `c` y).

Cómo añadir palabras para ser corregidas mientras escribe

Word 2000 permite personalizar las opciones de Autocorreción preestablecidas o agregar a la lista de elementos de Autocorreción errores habituales; así, la próxima vez que se cometa el mismo error, éste se corregirá automáticamente.

1. Active la casilla Reemplazar texto mientras escribe.
2. Escriba una palabra que introduce bastante a menudo de forma incorrecta, por ejemplo `modem`, en el cuadro Reemplazar.

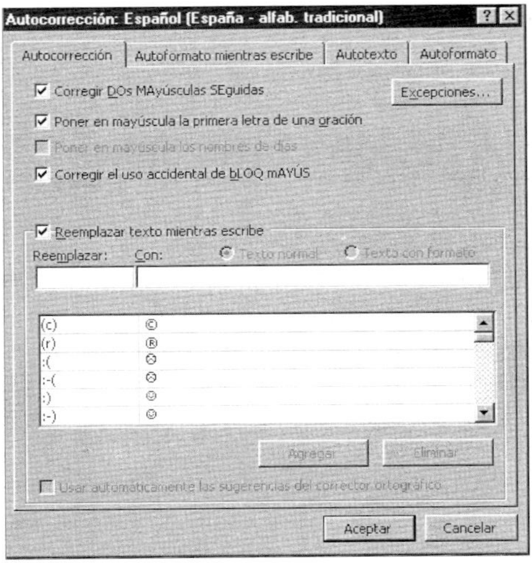

Figura 5.1

3. Escriba la palabra correcta en el cuadro Con:, en este caso, módem.
4. Haga clic sobre el botón Agregar. La corrección especificada se añadirá en la lista inferior, ordenada alfabéticamente (véase figura 5.2).

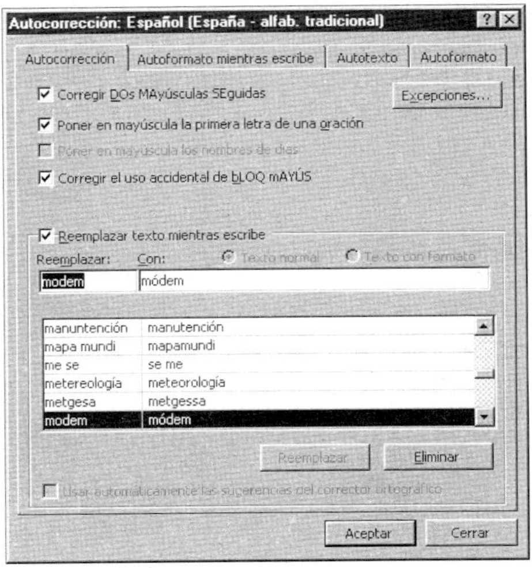

Figura 5.2

Una vez efectuados los cambios pertinentes:

5. Haga clic sobre el botón Aceptar.

Opciones de autocorrección del Autoformato

Otra posibilidad de sustituir determinado texto mientras escribe por otro alternativo, es mediante la característica Autoformato. Veamos algunos ejemplos:

1. Teclee el carácter `1` y, a continuación, el carácter de la o minúscula y pulse cualquier tecla que no corresponda a una letra, por ejemplo <**Barra espaciadora**>. Automáticamente se sustituirá por 1º. Lo mismo pasaría con 2 y a, que serán sustituidos por 2ª, etc.
2. Escriba `1 / 2` y, tras pulsar cualquier tecla que no sea una letra o un número, se sustituirá por °. Lo mismo ocurriría con otras fracciones: , ˘, etc.
   Para ver éstas y otras sustituciones automáticas:
3. Seleccione Herramientas / Autocorrección... Aparecerá el cuadro de diálogo de la figura 5.1.
4. Active la ficha Autoformato mientras escribe, haciendo clic sobre su solapa. Aparecerán las opciones mencionadas y otras (que podría activar o desactivar) como en la figura 5.3.
5. Active o desactive las opciones que desee y confirme los cambios mediante el botón Aceptar. O bien, cierre el cuadro de diálogo.

Opciones de Autotexto

Esta característica permite introducir automáticamente información de uso frecuente ya que nos sugiere el resto de la palabra o frase que se esté escribiendo. Si aceptamos la sugerencia, basta con pulsar la tecla <**Intro**> o <**F3**> para que el texto parcialmente escrito sea sustituido por el completo. Desde una óptica más avanzada de utilización de Autotexto, podría insertar elementos completos tales como la Firma, Instrucciones de envío por correo, Línea de asunto, Línea de atención, Línea de referencia, Salida y Fechas.

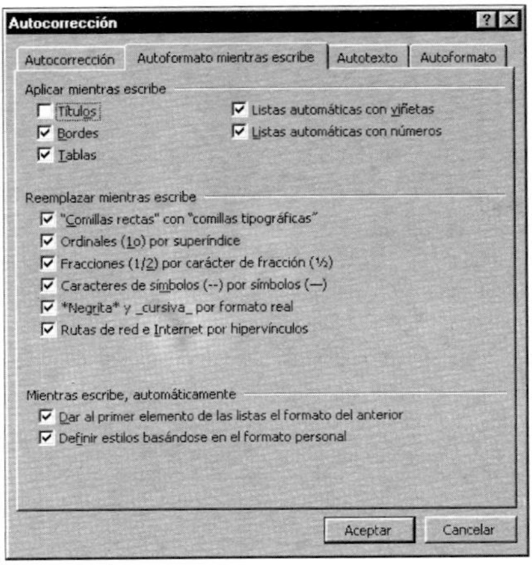

Figura 5.3

1. Seleccione Herramientas / Autocorrección...
2. Active la ficha Autotexto, haciendo clic sobre su solapa. Aparecerán las opciones mencionadas y otras (que podría activar o desactivar) como en la figura 5.4. Desde esta ficha se podría insertar en el documento alguno de los elementos de texto visualizados haciendo clic sobre él y sobre el botón Insertar (o haciendo doble clic sobre el elemento a seleccionar).
   Vamos a introducir un nuevo elemento de texto:
3. Escriba `Anaya Multimedia` en el recuadro Elementos de Autotexto como en la figura 5.4.
4. Haga clic sobre el botón Agregar.
   El texto introducido pasará a engrosar la lista de elementos de texto disponibles para el *autotexto*.
5. Haga clic sobre Aceptar para cerrar el cuadro de diálogo.
6. Empiece a escribir `Anay` y observe la aparición del rótulo introducido anteriormente como elemento de texto (véase figura 5.5), lo que le da la posibilidad de insertarlo pulsando, como ya se ha dicho, <**F3**> o <**Intro**>.

*Puede insertar un nuevo elemento de Autotexto, resaltándolo en el texto y pulsando <**Alt-F3**>.*

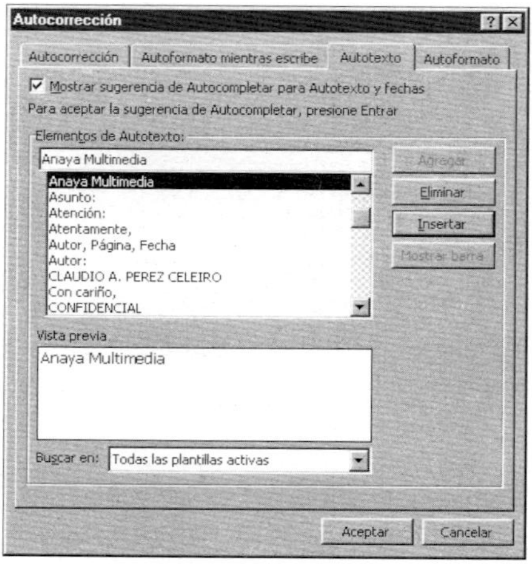

Figura 5.4

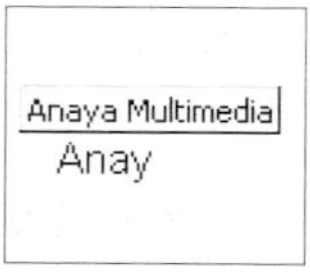

Figura 5.5

Si en la ficha **Autotexto** *se hace clic sobre el botón* **Mostrar barra**, *aparecerá ésta en pantalla (flotando o junto al resto de barras) mostrando diversas opciones. Por ejemplo, si hace clic sobre* **Todos los elementos** *y, en el menú que se despliega, resalta* **Cierre**, *aparecerán distintas formas de despedida susceptibles de ser seleccionadas (véase figura 5.6).*

Opciones de Autorresumen

Esta característica le permite extraer automáticamente los puntos principales de un documento después de analizarlo estadística y lingüísticamente, y determinar cuáles son las

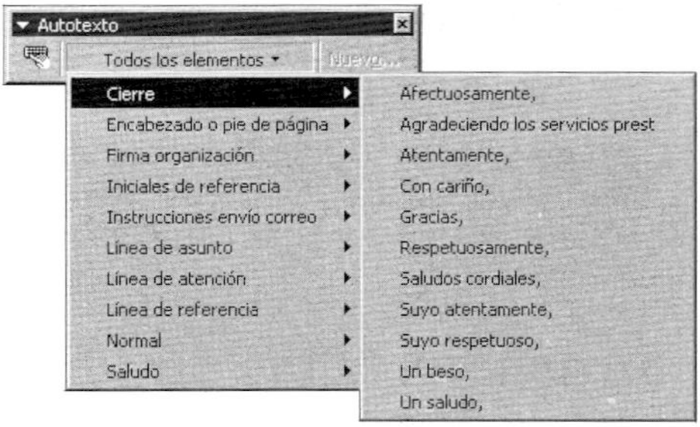

Figura 5.6

oraciones más importantes. Lo que hace simplemente es buscar de forma predeterminada las palabras clave y las frases que representan los temas que tratamos con mayor frecuencia.

1. Seleccione Herramientas / Autorresumen... para abrir el correspondiente cuadro de diálogo (véase figura 5.7) que incluye una estadística del documento activo.

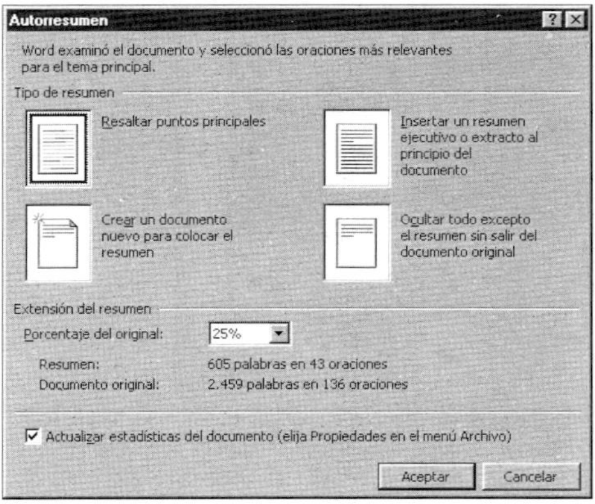

Figura 5.7

Cuatro son los tipos de resumen que se pueden obtener:

1. Resaltar puntos principales.
2. Crear un documento nuevo para colocar el resumen.
3. Insertar un resumen ejecutivo o extracto al principio del documento.

4. Ocultar todo, menos el resumen, sin salir del documento original.

Elija uno, y haga clic sobre el botón Aceptar, se obtendrá el tipo de resumen seleccionado. Después habría que cerrar la barra de herramientas Autorresumen que, al efecto, se abre.

Cómo corregir las faltas ortográficas

Al escribir un texto, frecuentemente se cometen errores, ya sean éstos ortográficos, mecanográficos o gramaticales. Los dos primeros se identifican por quedar subrayados en rojo y el tercero en verde. (Obviamente, si dicha característica está activada, como en seguida se verá.)

Antes de finalizar el trabajo, obviamente, se deben corregir estos errores. Una forma rápida de hacerlo es situar el punto de inserción sobre cualquier carácter de la palabra equivocada y pulsar el botón derecho del ratón con lo que surgirá su menú contextual con una serie de opciones para deshacer el error (véase figura 5.8) de las cuales hay que elegir la que proceda haciendo clic sobre ella.

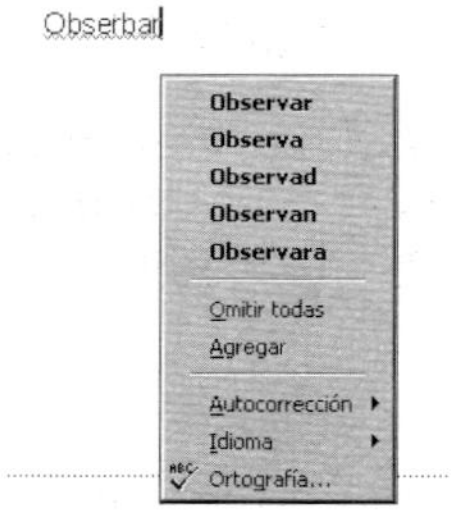

Figura 5.8

Si lo que queremos es revisar y corregir todos los errores, podemos iniciar el proceso de corrección ortográfica y gramatical desde la posición que ocupa el punto de inserción en el texto, hasta el final del documento. De forma automática, el programa compara su propio diccionario interno con las palabras que hemos escrito, avisándonos cuando encuentra una discordancia para que podamos optar por varias posibilidades. Esto se puede hacer de varias formas:

- Mediante el botón Ortografía y Gramática de la barra de herramientas Estándar.
- Mediante la selección de Herramientas / Ortografía y gramática.
- Pulsando <**F7**>.
- Haciendo doble clic sobre el botón situado en la *barra de estado* (debajo de la ventana del documento) y denominado Estado de ortografía y gramática. En este caso, cuando se está comprobando si existen errores, se ve una pluma animada sobre el libro. Si no encuentra errores aparecerá una marca de verificación (•) y si detecta un error, aparecerá una "X". Para resolver el error, haga doble clic en este botón y, en el cuadro que aparece, elija la que convenga.

1. Escriba un texto con algunas faltas ortográficas y gramaticales. Aparecerán reflejadas en pantalla las faltas detectadas (véase figura 5.9).

> Cuando pienso en la brebe duracion de mi vida, hinmersa en las eternidad anterior y siguiente,el pequeño espacio que lleno y que incluso veo, avismado en la infinita inmensidad de los espacios...

Figura 5.9

2. Elija alguna de las opciones anteriores para verificar la ortografía. En el caso de las tres primeras, se abrirá el cuadro de diálogo Ortografía y gramática de la figura 5.10. Desactive en él, por ahora, la casilla de Revisar gramática.

Se resaltará el primer error detectado. Las posibilidades son entonces las siguientes:

- Volver a teclearla correctamente.
- Hacer clic sobre la que consideremos correcta, en la lista que aparece, y sobre el botón Cambiar o, más sencillo, hacer doble clic sobre la palabra correcta (se corregirá y aparecerá el siguiente error como en la figura 5.11).
- Elegir Ignorar todo, para que el subrayado del error detectado desaparezca (por entender que está bien escrita) y que al mismo tiempo desaparezca al encontrar la misma palabra posteriormente.

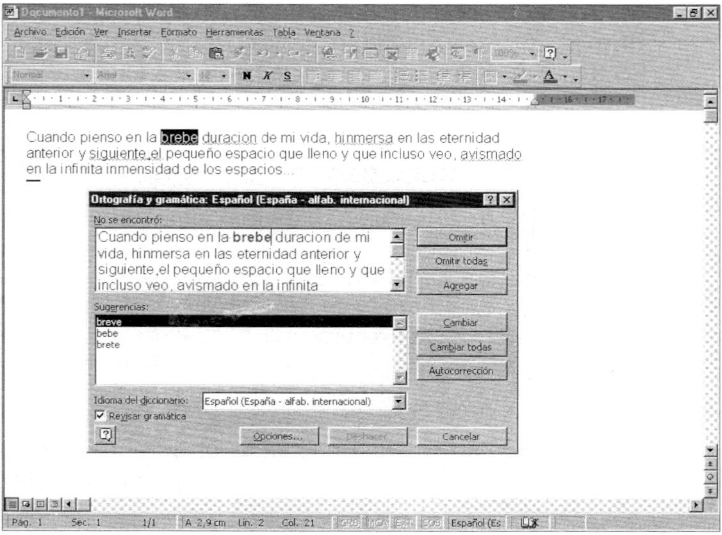

Figura 5.10

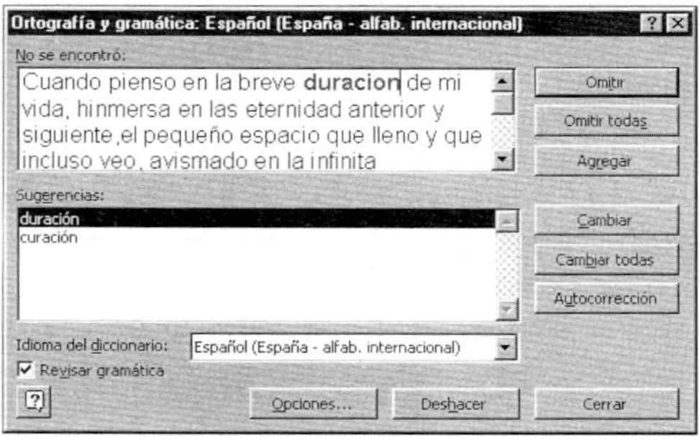

Figura 5.11

- Elegir Agregar, con lo que la palabra se incorpora al diccionario personalizado, lo que resulta particularmente útil con palabras personales, profesionales o técnicas que el diccionario de Word 2000, a priori, no reconoce.
- Hacer clic sobre el botón Opciones, para hacer aparecer su cuadro de diálogo y poder especificar otras opciones de corrección y, particularmente, si se desea desactivar las características de "corrección ortográfica" y "corrección

gramatical" (véase figura 5.12). Esto es algo que muchas veces resulta necesario cuando se trabaja con documentos grandes y *técnicos*, por el retardo de tiempo que produce la continua revisión.

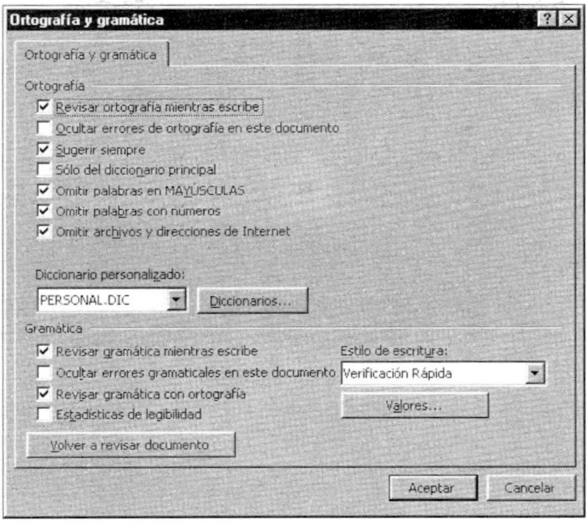

Figura 5.12

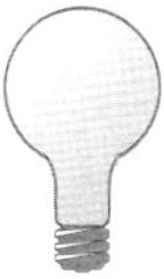

*Para revisar sólo una parte del documento selecciónelo previamente y pulse <**F7**>.*

Cómo corregir la ortografía en otro idioma

Word 2000 permite corregir textos escritos en otro lenguaje, por ejemplo en inglés.

1. Abra un documento nuevo (clic sobre el botón de la barra Estándar) y escriba alguna frase en inglés.
2. Seleccione Herramientas / Idioma / Definir idioma (véase figura 5.13).
3. Elija el idioma y haga clic sobre el botón Aceptar.

Figura 5.13

Al mismo cuadro de diálogo, Idioma, *se llega haciendo doble clic sobre el botón* Idioma *de la barra de estado.*

4. Pulse <**F7**> para iniciar la corrección. Aparecerán los errores encontrados, de forma similar a lo ya mencionado anteriormente (véase figura 5.14), debiéndose actuar en consecuencia.

Cómo crear un diccionario personalizado

Cuando se añade una palabra al diccionario mientras se corrige un texto, Word 2000 la incluye en el diccionario PERSONAL.DIC. Utilizando, por ejemplo, el Bloc de notas, es posible ver la lista de palabras añadidas (obsérvese en la figura 5.15 un diccionario típico de un médico).

Si se desea, se puede optar por la creación de un diccionario propio, personalizado, que incluya aquellos términos más familiares en nuestro trabajo: nombres propios y términos científicos y técnicos.

1. Seleccione Herramientas / Opciones.
2. Active la ficha Ortografía y gramática (véase figura 5.16), que será similar a la mostrada en la figura 5.12.

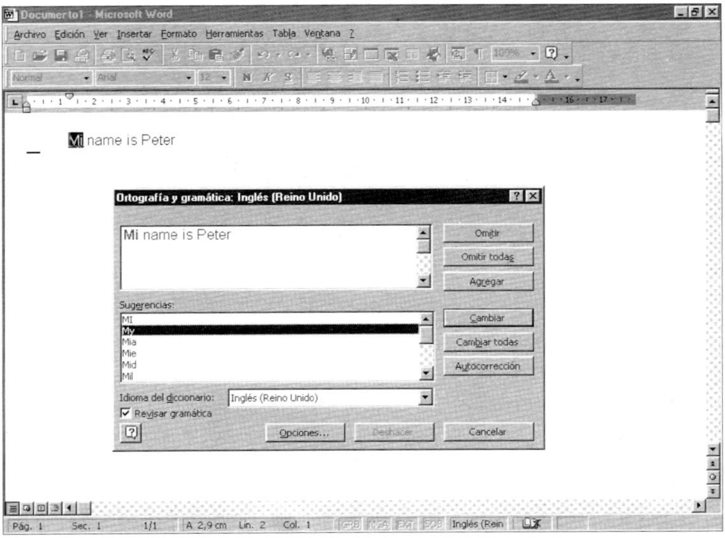

Figura 5.14

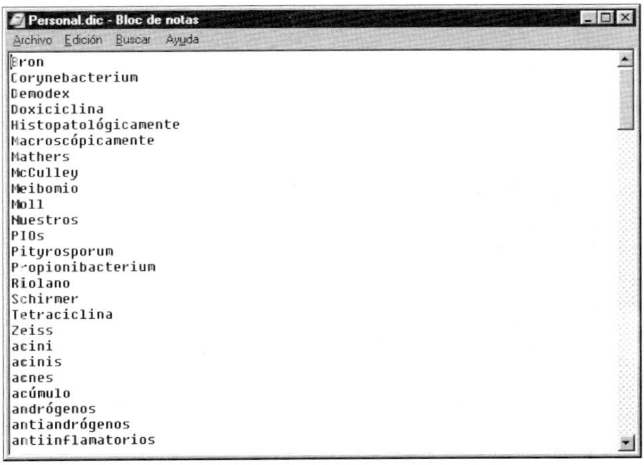

Figura 5.15

3. Haga clic en Diccionarios... (véase figura 5.17).
4. Haga clic sobre el botón Nuevo.
5. En el cuadro Nombre de archivo, escriba un nombre para el diccionario personalizado.
6. Haga clic sobre el botón Guardar.

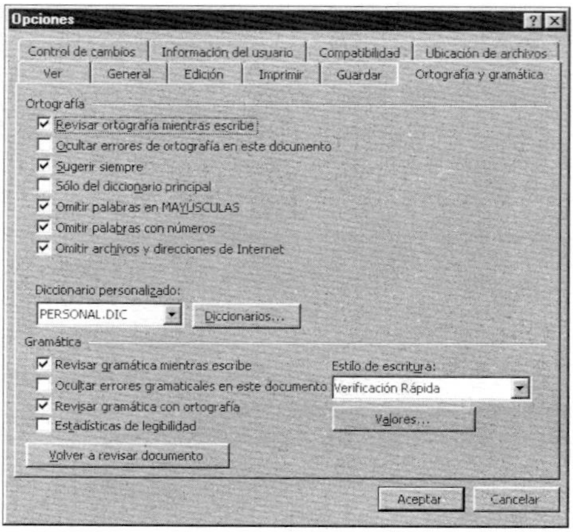

Figura 5.16

7. Después debería desactivar la casilla PERSONAL.DIC (lo que puede afectar a otras aplicaciones) y dejar activo el que acaba de crear. A partir de ahora, será en él en el que se guarden las palabras que *agregue al diccionario*.
8. Cierre el cuadro de diálogo confirmando los cambios.

Figura 5.17

Cómo corregir los errores gramaticales

Si al escribir un texto se cometen errores gramaticales, éstos son detectados automáticamente y subrayados con una línea ondulada de color verde. Al igual que el corrector ortográfico, el corrector gramatical, con tan sólo pulsar el botón derecho del ratón sobre el texto marcado, ofrece análisis sintácticos, sugerencias de reescritura y estilos gramaticales fáciles de utilizar. En muchos casos, las sugerencias presentadas nos van a permitir deshacer el fallo (véase figura 5.18).

Figura 5.18

Se puede optar por realizar una revisión ortográfica, siguiendo métodos similares a los mencionados con la ortografía (<**F7**>, botón, **Herramientas / Ortografía y gramática...**) y aparecerá un cuadro de diálogo (véase figura 5.19) desde el que proceder como convenga.

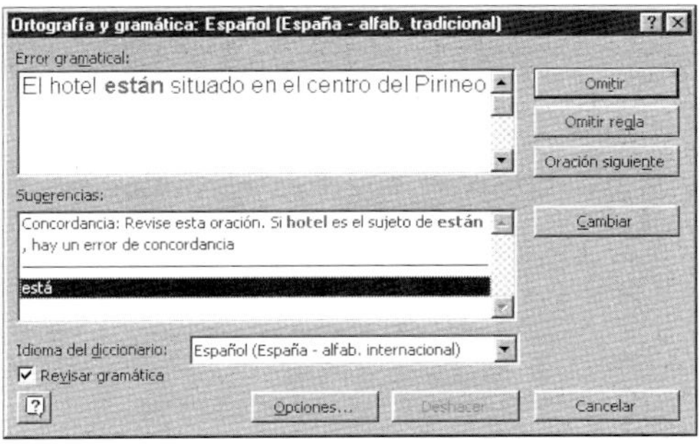

Figura 5.19

Cada vez que el revisor gramatical subraya en verde una frase indicando un posible error, puede hacer clic sobre Omitir... *con lo que se ignora el problema y se continúa la revisión de la frase.*

Cómo buscar sinónimos

Los sinónimos nos permiten sustituir una palabra por otra sin que cambie sustancialmente el sentido de la frase.

1. Seleccione la palabra para la que se desea encontrar un sinónimo, antónimo o palabras relacionadas, por ejemplo, `opción` (que debe escribir previamente).
3. Seleccione Herramientas / Idioma / Sinónimos... (véase figura 5.20).
4. Haga doble clic sobre la palabra que desee.

Figura 5.20

Como ocurre en la mayoría de las situaciones, la pulsación del botón derecho facilita la tarea, ofreciendo una lista de sinónimos y el acceso al cuadro de diálogo 5.20, como se muestra en la figura 5.21.

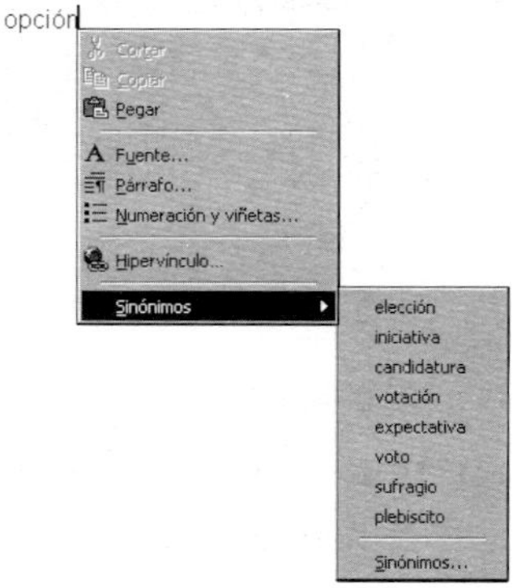

Figura 5.21

Puede abrir el cuadro de diálogo Sinónimos *pulsando* ***<Mayús-F7>***.

Cómo mostrar estadísticas del documento

Siempre resulta útil acceder a las estadísticas del documento que se está confeccionando: número de palabras, de caracteres... Esto se consigue accediendo a sus propiedades:

1. Abra un documento cualquiera y seleccione Archivo / Propiedades. Aparecerá un cuadro de diálogo con cinco fichas.
2. Active la ficha Estadísticas. Se visualizarán las mismas como se observa en la figura 5.22.

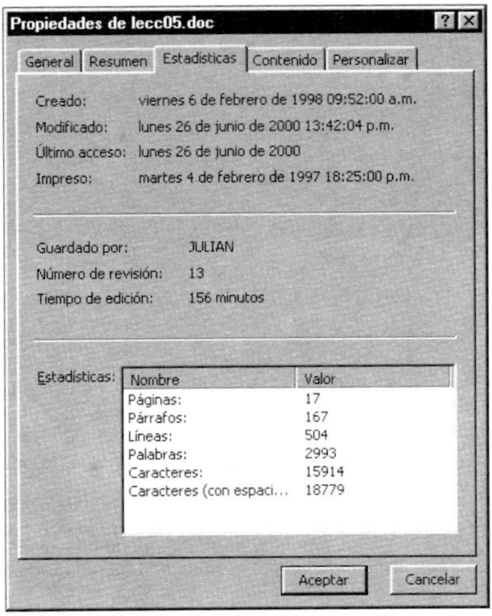

Figura 5.22

3. Haga clic sobre el botón Aceptar.

> ℹ *Se pueden obtener las estadísticas del documento seleccionando* Herramientas / Contar palabras.

Cómo buscar y reemplazar texto

Se puede buscar y reemplazar selectiva o globalmente las apariciones de un texto o formato determinados en un documento. Por ejemplo, si usted es un comercial y quiere realizar una promoción de sus nuevos productos, puede buscar los nombres de los antiguos productos, eliminarlos o reemplazarlos por otros.

Para practicar con esta característica:

1. Abra un documento nuevo y escriba el siguiente texto:

    El afamado campeón D. Carlos Sabater junior clasifica los veleros por su tamaño y comodidad en: veleros ligeros, veleros ligeros de gran tamaño, veleros de crucero y veleros de crucero de altura. Otra clase la comprenden los catamaranes. Entre los multicascos, el Tornado, es el primer y único catamarán que se aceptó como clase olímpica el año 120006. Diseñado por el británico Rodney March, está considerado entre los más rápidos de su clase llegando a conseguir más de 30 nudos. Los españoles Fernando León y Pepote Ballester ganaron con su tornado Canarias la medalla de oro olímpica en los juegos de Atlanta. Este artefacto playero tiene una eslora de 6,1 m; manga 3 m; peso 140 Kg., y una superficie vélica con 21 m^2 que incluye mayor y foque.

2. Efectúe la revisión ortográfica y gramatical. Recuerde que debe colocar el punto de inserción allí donde quiera empezar a revisar el texto. En este caso, al principio del documento. De esta forma verá que son varias las palabras de tipo técnico que aparecen como errores: multicascos, bélica...
    Para ilustrar cómo realizar la operación del apartado, vamos a buscar "artefacto playero", y lo sustituiremos automáticamente por "magnífico barco".

3. Sitúe el punto de inserción al principio del documento (aunque esto no sea imprescindible).
4. Seleccione Edición / Reemplazar... Aparecerá el cuadro de diálogo de la figura 5.23 con la ficha Reemplazar activa.

*Se puede abrir el cuadro de diálogo con la combinación <**Ctrl-L**>.*

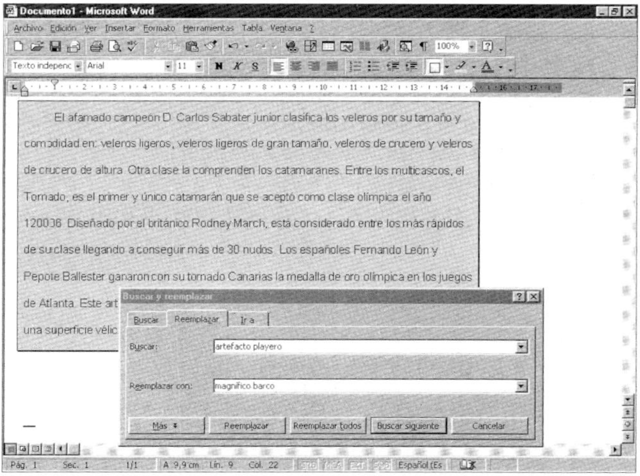

Figura 5.23

5. Utilice el botón Reemplazar para ir sustituyendo cada aparición una a una, o el botón Reemplazar todos para sustituirlas todas a la vez.

Cómo efectuar desplazamientos rápidos por el documento

Desde el cuadro de diálogo de la figura 5.23 se pueden efectuar otras operaciones. Por ejemplo, si el documento es muy extenso, puede activar distintas áreas del mismo de forma rápida:

- Una forma es buscar un texto concreto. Para ello hay que seleccionar Edición / Ir a, activar la ficha Buscar, escribir la palabra o frase y hacer clic sobre el botón Buscar siguiente.
- Otra es ir a una página concreta del documento. Para ello hay que seleccionar Edición / Ir a, activar la opción Página, escribir el número de página y hacer clic sobre el botón Ir a.

Qué hemos aprendido

- A manejar la automatización de tareas en Word 2000: Autocorreción, Autoformato y Autotexto.
- A corregir las faltas ortográficas y gramaticales en el idioma que se seleccione.
- A crear un diccionario personalizado.
- A buscar sinónimos.
- A buscar y reemplazar texto en un documento.

Ejercicios

1. Escriba un texto e incluya los siguientes caracteres: ©, ®, è, ó, K, J, L, à.
2. Cree un diccionario personalizado de términos náuticos, que incluyan los tecnicismos del archivo "Veleros". Ábralo después con el Bloc de notas.
3. Escriba el texto siguiente:

    Las reuniones de intelectuales en torno a una taza de café o a una copa de diversos licores fueron una actividad corriente durante todo el siglo XIX y siguieron teniendo dinámica e incluso en ocasiones agitada existencia durante este siglo.

    Cafés y casinos provincianos (a los que recuerda Antonio Machado en su poesía), despachos y casas particulares, fueron lugar de encuentro para charlar, discutir y *pelearse* por una y mil cosas, matando horas nocturnas que acababan en largos paseos y arreglando verbalmente los problemas de España, mientras salían a flote los defectos de los ausentes o se insultaba al político de turno.

El ocaso del siglo XIX y los primeros años del XX ven morir y nacer numerosas tertulias y los escritores del 98 fueron en ellas protagonistas destacados. "Había tertulias -escribe Valle Inclán- que eran un muestrario de tipos raros, que se iban sucediendo: literatos, periodistas, aventureros, policías, curas de regimiento, cómicos, anarquistas; todo lo más barroco de Madrid pasaba por ellas."

Corrija la ortografía y obtenga sinónimos de "problemas".

4. Busque "Valle Inclán" y sustitúyalo *automáticamente* por "Baroja".
5. Obtenga las estadísticas del documento anterior (véase figura 5.24).

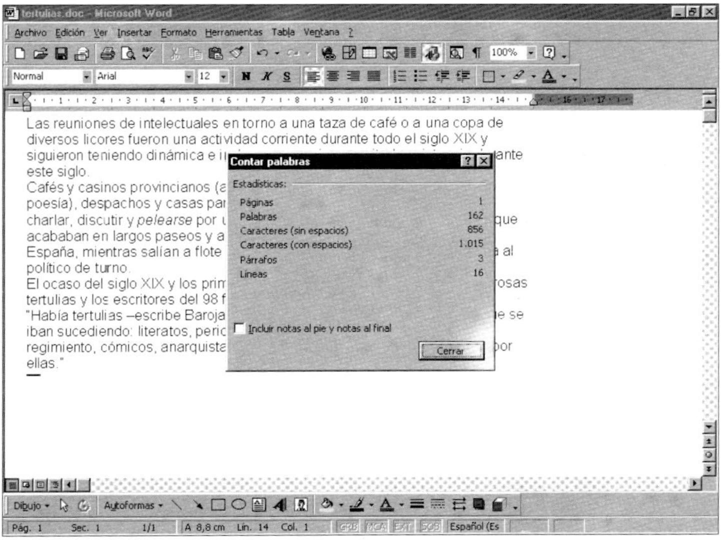

Figura 5.24

Lección 6

Efectos especiales

Introducción

Séneca en sus *Lecciones para el hombre ocupado* nos enseña a no malgastar el tiempo en nimiedades ajenas al ocio. Si no confundimos el ocio con la vana ocupación, pronto descubrirá que añadir efectos especiales con Word 2000 le va a permitir hacer uso del tiempo con acelerada intensidad para luchar contra su carrera veloz.

Si bien es verdad que con los procesadores actuales es posible disparar nuestra imaginación hasta límites insospechados, es una regla clásica que el aplicar, sin abusar, algunos efectos es una garantía de éxito en nuestros documentos.

La lección mostrará cómo incluir distintos elementos que cumplan con el objetivo de aportar la máxima información al lector del documento, y que ésta esté lo más clara posible.

Cómo crear Encabezados y Pies de página

Se denomina *encabezado* al texto (o, en su caso, imágenes) que aparece al principio de todas las páginas. De forma análoga, se denomina *pie de página* al texto que aparece al final de todas las páginas. Por ejemplo, se pueden incluir como encabezados o pies de página el nombre y logotipo del club, asociación, organización o empresa a la que se pertenezca, su teléfono, el día y la hora, el número de la página, etc. (véase figura 6.1).

Figura 6.1

Para crear un encabezado o visualizar el que ya hubiere:

1. Seleccione Ver / Encabezado y pie de página. Se abrirá la barra de herramientas Encabezado y pie de página (véase figura 6.2), que nos va a permitir Insertar Autotexto, obtener información sobre las páginas, introducir la fecha y la hora, configurar la página, cambiar entre encabezado y pie de página, etc.

Si al activar la barra de herramientas de Encabezados y pies de página, *ésta le molestara en mitad de la pantalla, arrástrela a otra posición, o haga doble clic en cualquier zona gris entre los iconos para hacer que dicha barra pase a situarse encima de la regla.*

2. En el área punteada, teclee el texto que quiera que figure, bien en el encabezado de su página, bien en el pie de la misma.

Mientras está escribiendo un texto que luego va a figurar como un encabezado o pie de página, observará que no puede introducir modificaciones en el texto del documento en el que estaba trabajando, apareciendo este texto en un segundo plano y de forma atenuada, existiendo un botón de la barra de herramientas Encabezado y pie de página sobre el que puede hacer clic para hacer desaparecer el texto que aparece atenuado, si le resultase molesto.

3. Haga clic sobre el botón Cerrar de la barra de herramientas para volver al documento.

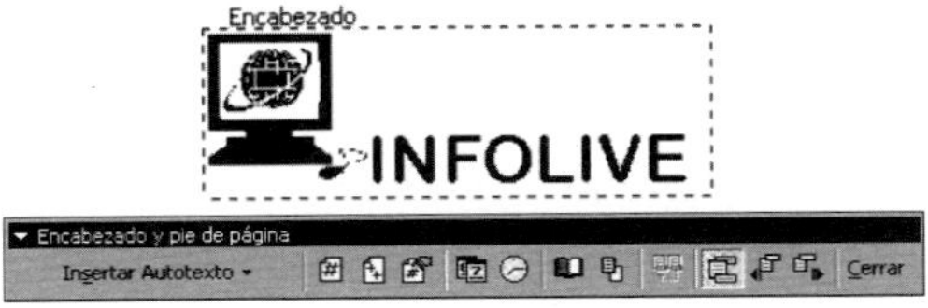

Figura 6.2

Si está trabajando en Vista Normal, los encabezados y pies de página quedarán ocultos. Si lo está haciendo en la Vista Diseño de impresión, éstos aparecen en un tono gris claro (véase figura 6.3).

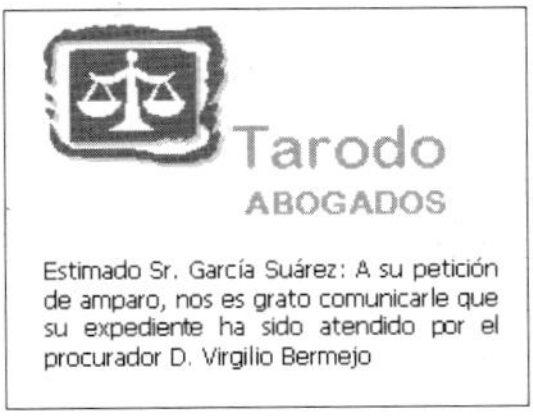

Figura 6.3

Cómo insertar una imagen en un encabezado

Cuando el encabezado o pie de página se está diseñando, se pueden incluir también dibujos o ilustraciones que pertenecen a la galería de imágenes prediseñadas de Word 2000. Aunque en la lección 8 se explicará todo lo relativo al tratamiento de estas imágenes, podemos realizar aquí un sencillo ejemplo de cómo insertar una:

1. Seleccione Ver / Encabezado y pie de página y escriba el texto que desee.

2. Seleccione Insertar / Imagen / Imágenes prediseñadas...
3. De entre las 52 Categorías disponibles elija, por ejemplo, plantas.
4. Haga doble clic sobre una de ellas para que se incluya en el encabezado o pie de página (véase figura 6.4). Aparecerá rodeada de unos cuadros de redimensionamiento que permiten cambiar el tamaño de la misma, moverla, etc.
5. Redimensione la imagen situando el puntero del ratón sobre uno de los cuadros y arrastrando en la dirección deseada (véase figura 6.4).
6. Sitúe el puntero del ratón dentro de la imagen y arrástrela hasta la posición del encabezado que desee como se muestra en la figura 6.4.

> *Si quiere dar un aspecto diferente a sus encabezamientos y pies de página, como por ejemplo que éstos aparezcan diferenciados entre la primera página y el resto, o diferenciarlos en las páginas pares e impares, lo podrá hacer desde el icono* Configurar página, *situado en la barra de herramientas* Encabezado y pie de página.

Figura 6.4

Si desea crear los encabezados y pies de página de la figura 6.1 debe tener en cuenta las siguientes consideraciones, todas ellas referentes a la utilización de botones de la barra de herramientas de Encabezado y pie de página:

- Se ha incluido en la página la hora en la que se crea el documento.

- Puede incluir el número de página.
- Puede incluir el nombre del autor.

> *Se puede comprobar el resultando impreso haciendo clic sobre el botón* Vista preliminar *de la barra de herramientas* Estándar, *.Después haga clic sobre el botón* Cerrar.

Cómo borrar un encabezado o pie de página

Si se arrepiente del texto introducido y quiere borrarlo, o sustituirlo por otro texto, realice los siguientes pasos;

1. Edite el encabezado o pie de página (por ejemplo, haciendo doble clic sobre su área).
2. Seleccione el bloque de texto del encabezado o pie de página.
3. Seleccione Edición / Borrar o pulse <**Supr**>, si lo que desea es borrar.
4. Escriba encima del texto seleccionado si lo que quiere es sustituirlo.

> *Si lo que quiere es borrar la imagen basta con hacer clic sobre ella para seleccionarla y pulsar <**Supr**>.*

5. Haga clic sobre el botón Cerrar para ir al documento.

Cómo numerar las páginas

Además de poder numerar páginas como se ha comentado en el apartado anterior (crear un encabezado o pie de página y hacer clic sobre el botón que corresponda de la barra de herramientas que aparece), existe otra forma de proceder:

1. Seleccione Insertar / Números de página... Aparecerá el cuadro de diálogo **Números de página**, desde donde podremos realizar todo tipo de operaciones referidas al número de página a insertar (véase figura 6.5).
2. Seleccione la posición, la alineación y el formato (botón Formato...).
3. Haga clic sobre el botón Aceptar.

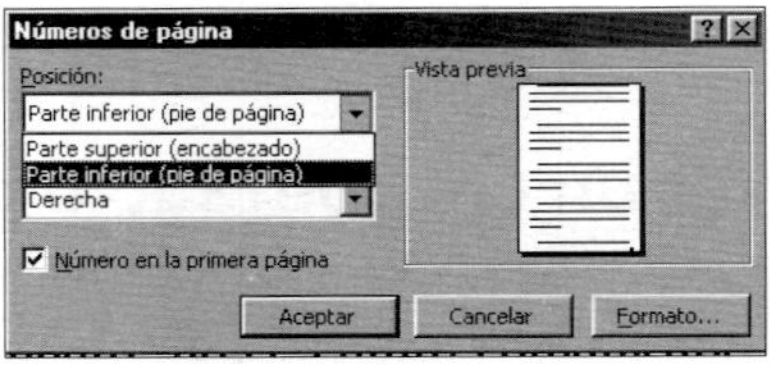

Figura 6.5

> *Si quiere ver el resultado final de su paginación, puede hacerlo mediante la opción* Vista preliminar *o seleccionando* Ver / Encabezado o pie de página. *Si no está conforme, podrá introducir las modificaciones oportunas.*

Cómo insertar notas al pie de página

En ocasiones, por ejemplo al hacer referencias en el documento que está confeccionando a alguna otra publicación, es necesario crear las denominadas *notas al pie de página*; pudiendo indicar con ellas el origen de la cita escrita y otros datos informativos, bien a pie de página, bien al final del documento.

En el primer caso, el punto de inserción deberá estar situado en la página indicada.

Un ejemplo ilustrará mejor el concepto descrito.

1. Escriba el siguiente texto:

   "La Ley Orgánica 1/1990, de 3 de Octubre, de Ordenación General del Sistema educativo, en su título IV hace referencia.........."

Para crear una nota al pie de página:

2. Sitúe el punto de inserción en donde quiera insertar la nota (por ejemplo, tras la última palabra del texto).
3. Seleccione Insertar / Nota al pie.

Aparecerá el cuadro de diálogo de la figura 6.6.

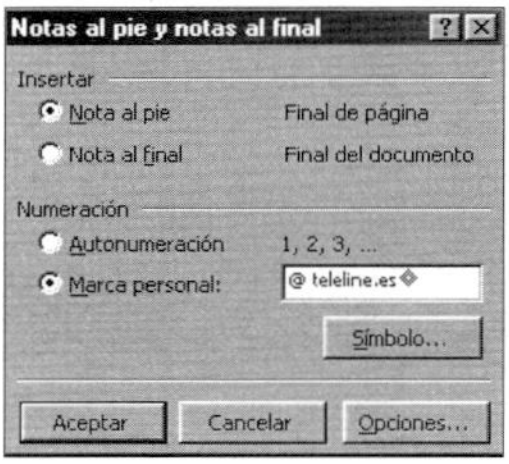

Figura 6.6

Para avisar que ha creado una nota al pie de la página, o una nota al final del documento y recordarle su referencia, existen dos posibilidades:

- Mediante Autonumeración, opción por defecto, que permitirá que el programa la vaya cambiando automáticamente (incrementándose en una unidad a cada nueva nota).
- Con un texto y/o con un símbolo.

4. Elija la que proceda (en este caso, la primera).

Después de estos pasos, se insertará la referencia seleccionada en el documento y, en la parte inferior de la página, la nota (véase figura 6.7).

Cuando sitúe el puntero del ratón sobre la referencia, aparecerá enmarcado el contenido como en la figura 6.8.

Las Notas al pie no se ven en Vista Normal; para visualizarlas antes de imprimir un documento hay que activar la Vista Diseño de impresión o Vista preliminar.

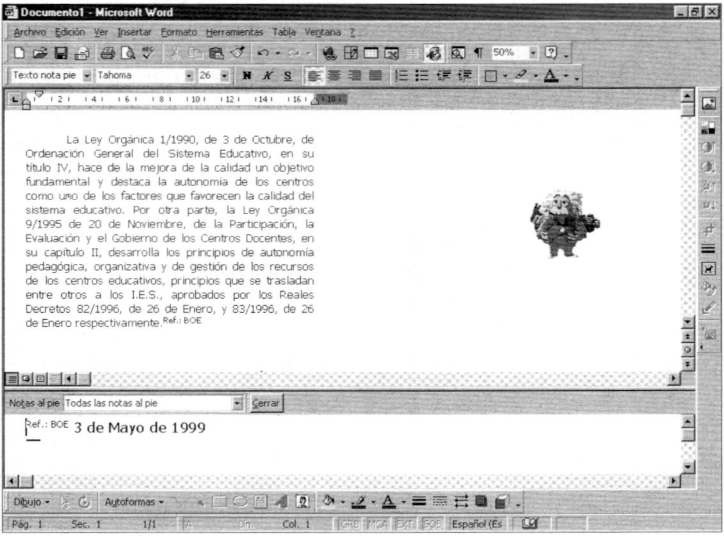

Figura 6.7

Figura 6.8

Cómo añadir comentarios

Se pueden añadir a un documento *comentarios*, lo que es muy útil cuando varias personas trabajan en un documento y se desea diferenciar entre las notas que cada uno hace en el mismo. Las iniciales, seguidas de un número, y encerradas entre corchetes, permiten saber quién es el autor de cada nota.

Para crear comentarios en un punto del texto determinado:

1. Seleccione Insertar / Comentario. Aparecerán las iniciales del revisor activo.
2. Escriba el texto que proceda.
3. Añada, si lo considera oportuno, un fichero de sonido con su propia voz (sólo si dispone de tarjeta de sonido y micrófono), haciendo clic sobre el botón correspondiente (véase figura 6.9).

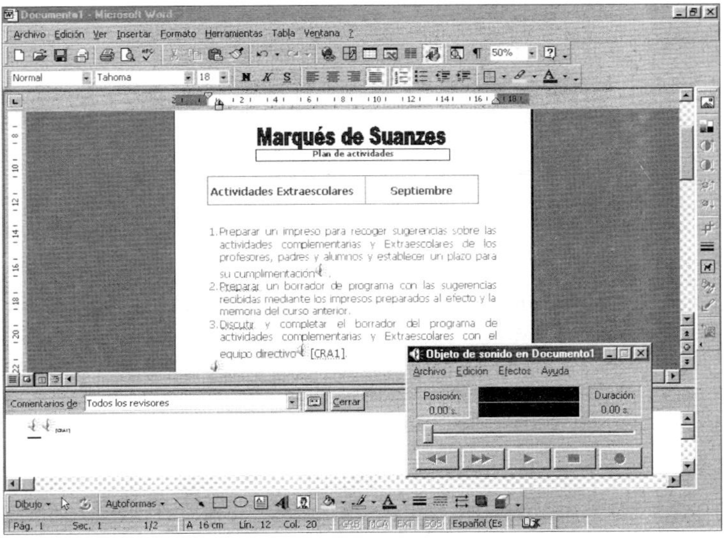

Figura 6.9

Puede cambiar las iniciales que identifiquen a cada autor seleccionando Herramientas / Opciones…, *activando la ficha* Información del usuario *e introduciendo los cambios pertinentes (véase figura 6.10).*

Cómo crear una marca de agua

Una vez escrito un documento, por ejemplo una carta, resulta sumamente atractivo colocar un texto o gráfico que, cuando se imprima, aparezca detrás del texto existente como

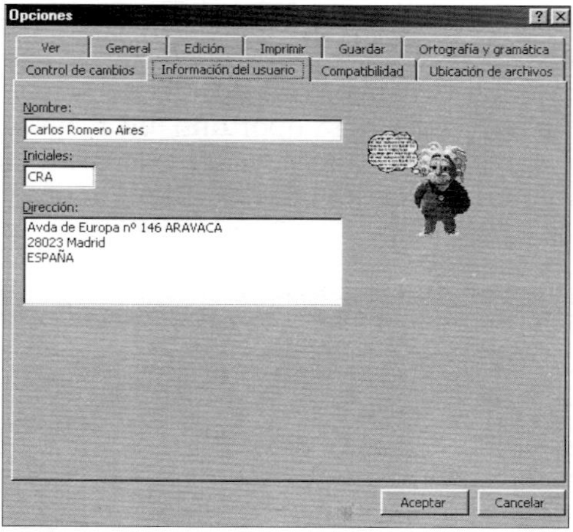

Figura 6.10

fondo de la página, al igual que si fuese un sello. Recuerde, por ejemplo, el *galgo* en los papeles de la famosa casa de papelería.

Se puede elegir entre insertar texto o una imagen. Aquí lo haremos con la segunda opción. Para insertar una imagen, o dibujo como Marca de agua:

1. Seleccione Insertar / Imagen.
2. Elija alguna de las siguientes opciones: Imágenes prediseñadas..., Desde archivo..., Autoformas, WordArt..., Desde escáner o Gráfico. En nuestro caso, Imágenes prediseñadas.
3. Seleccione la imagen, por ejemplo una de la Categoría Animales (véase figura 6.11).
4. Pulse el botón derecho del ratón para abrir el menú.
5. Haga clic sobre Insertar.
6. La imagen seleccionada se insertará en el encabezado abierto (véase figura 6.11).
7. Pulse el botón derecho del ratón sobre la imagen y seleccione Formato de imagen.
8. Abra la ficha Imagen.
9. Abra la lista desplegable Color (véase figura 6.12) y haga clic sobre Marca de agua.
10. Abra la ficha Diseño.
11. De entre sus varias posibilidades, elija Cuadrado con el fin de que el texto del documento se coloque a su

Figura 6.11

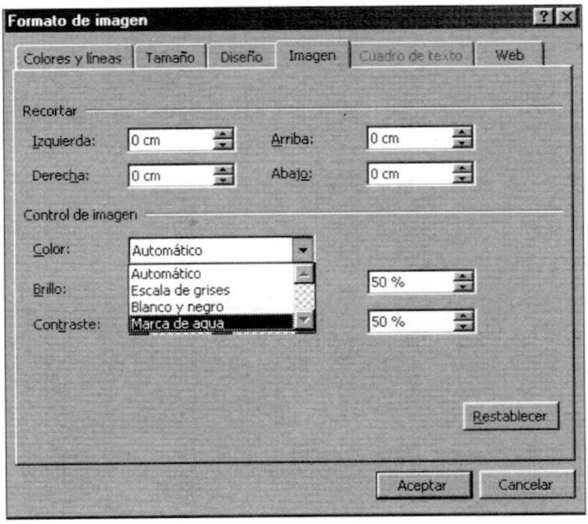

Figura 6.12

alrededor (véase figura 6.13). Se obtendrá la imagen como fondo del documento como en la figura 6.14.

> *La marca de agua se imprime en el lugar de la página donde se la coloque, no es necesario que esté en el área superior o inferior de la página.*

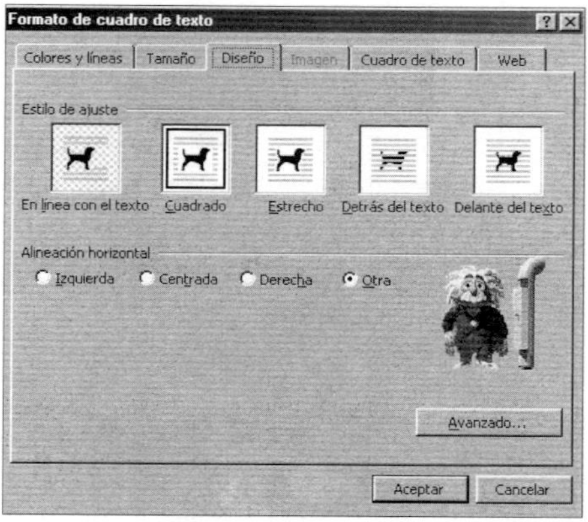

Figura 6.13

Figura 6.14

Cómo agregar Viñetas o Números

Uno de los efectos que permiten clarificar un texto es la inserción de viñetas o números cuando se trata de enumerar una serie de puntos u opciones, insertados como párrafos, como en la figura 6.17. Para crearlos:

1. Seleccione los párrafos a los que quiera agregar viñetas o números.

2. Seleccione Formato / Numeración y viñetas... o haga clic sobre el botón o el botón . Aparecerá el cuadro de diálogo de la figura 6.15 con tres fichas: Viñetas, Números y Esquema numerado.

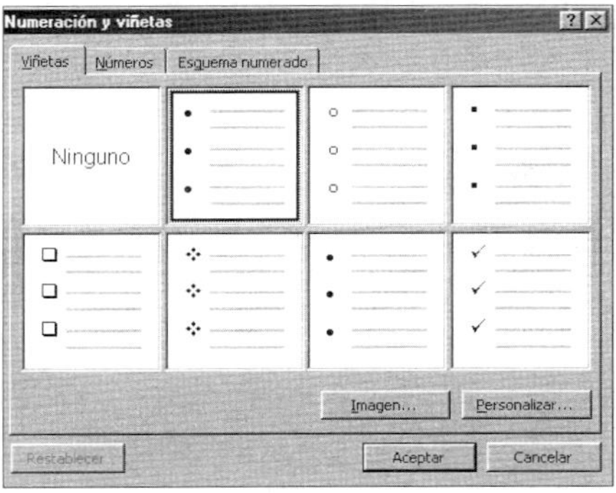

Figura 6.15

- Si hace clic sobre el botón Personalizar... podrá cambiar el aspecto de sus viñetas a una de las muchas que se le ofrecen desde los diferentes tipos de fuentes.
- Si hace clic sobre el botón Imagen, se abre un cuadro Viñeta de imagen con dos fichas: Imágenes y Secuencias, pudiendo elegir alguna de ellas (véase figura 6.16).

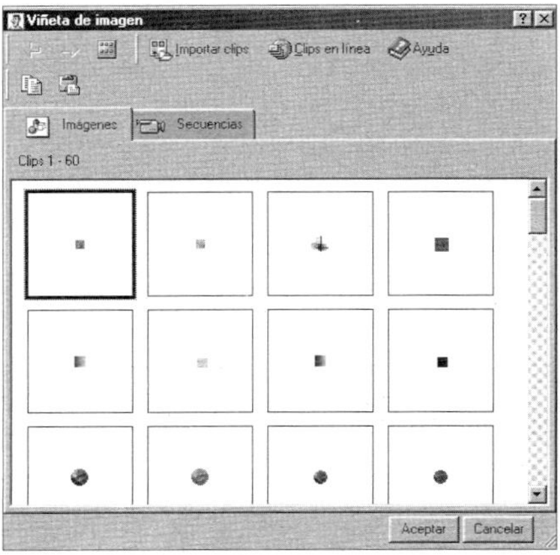

Figura 6.16

Para agregar números habría que activar la ficha Números y elegir el formato que se desee.

Como ejemplo, puede escribir los `Aceites con denominación de origen` de la figura 6.17, seleccionar el bloque de texto (como conjunto de párrafos) y abrir el cuadro de diálogo de viñetas y números para seleccionar sucesivamente la viñeta, y una sucesión numérica como se observa en la figura 6.17.

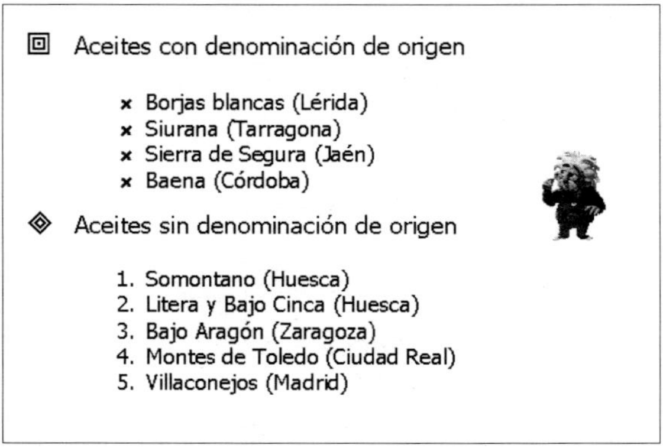

6.17

Cómo trabajar con columnas de estilo periodístico

Si lo que quiere es escribir su documento o una parte del mismo como si fuera un periódico y distribuir el texto en columnas para hacerlo más ameno y sugestivo, Word 2000 le permite incluir columnas y cambiar su número en las distintas secciones de un documento con gran facilidad (véanse las figuras 6.18 y 6.19).

Hay dos métodos para crear columnas.

- Seleccionando Formato / Columnas...
- Desde el botón Columnas de la barra de herramientas Estándar, ▦.

La primera de las dos opciones abre un cuadro de diálogo desde el que se puede abrir el formato que deseemos (véase figura 6.20).

Figura 6.18

Figura 6.19

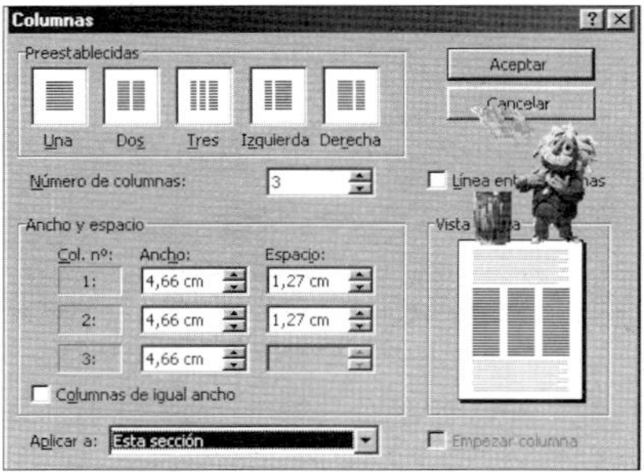

Figura 6.20

Con la segunda opción, sólo se puede seleccionar el número de columnas hasta un máximo de cuatro lo que, teniendo en cuenta el tamaño de la página, es normalmente más que suficiente.

Las columnas aparecerán de forma diferente en función de la presentación en la que estemos trabajando; si estamos en **Vista Normal**, *la introducción de texto para aquellos que mecanografían con soltura es más rápida, pero tiene el inconveniente de que el texto aparece como si trabajáramos con una sola columna. En* **Vista Diseño de impresión** *o en la* **Vista preliminar** *veremos en pantalla lo mismo que al imprimir, es decir, tantas columnas como hayamos seleccionado.*

El número de las columnas que se pueden incluir dentro de una página, va a depender de cinco factores:

- *Del ancho de la página.*
- *De los márgenes que hemos configurado para la página.*
- *Del ancho de las columnas.*
- *Del espacio de separación aplicado entre las columnas.*
- *De la orientación de la página; si ésta es apaisada podremos situar +/- 16 columnas y si la página presenta una orientación normal (mayor largo que ancho), se podrán colocar +/- 10 columnas.*

Si se quiere introducir un salto de columna para, dentro de la misma, poder añadir nuevos formatos, hay que seguir estas pautas:

- Situar el punto de inserción al principio de la línea donde se quiera incluir la nueva columna.

- Selecionar Insertar / Salto... y hacer clic sobre el botón alternativo Salto de columna.

Cómo formatear columnas

Se pueden aplicar formatos diferentes a las columnas (véase figura 6.21).

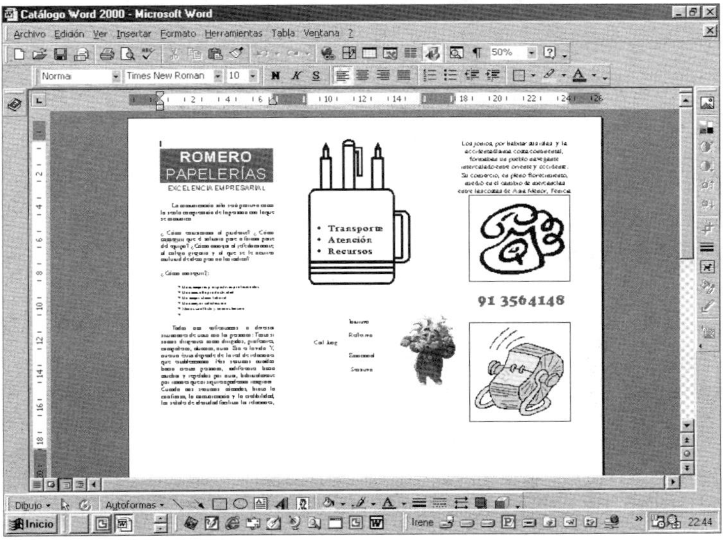

Figura 6.21

Puede, por ejemplo, cambiar el ancho de las columnas. Tenga en cuenta que si crea más de una columna, todas ellas pueden tener igual o distinto ancho (véase figura 6.22). Para cambiar el ancho de las mismas podemos emplear dos procedimientos diferentes:

- Seleccionar Formato / Columnas... Al abrir este cuadro de diálogo, además de escoger el número de las columnas, se puede modificar el ancho de las mismas y el espacio entre las columnas.
- Mediante la Regla que aparece encima de las columnas. Con ella podemos desplazar sus marcadores para cambiar el ancho de cada columna y la separación entre ellas.

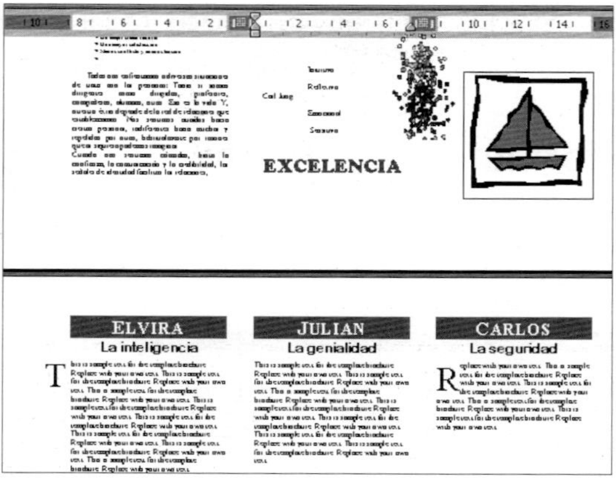

Figura 6.22

Cómo trabajar con tablas

Se puede mejorar un documento añadiendo *tablas* para organizar su información. En esas tablas podrá añadir filas, columnas, ajustar los espacios, añadir bordes, aplicar alguno de los muchos modelos de Autoformato de tablas, etc.

Se puede considerar a una tabla como una cuadrícula de filas y columnas cuyas intersecciones llamadas *celdas* contienen texto y / o gráficos. Cada celda podrá tener un formato independiente que variará según sus preferencias (véase figura 6.23).

Puede crear tablas de alguna de estas tres formas:

- Desde la barra de herramientas Estándar, haciendo clic sobre el botón Insertar tabla. Aparecerá así una cuadrícula de filas y columnas en la que, a medida que se arrastra el ratón, se va seleccionando el número de filas y columnas.
- Seleccionando Tabla / Insertar tabla... (véase figura 6.24) y estableciendo el número de columnas y el número de filas (máximo 63 columnas y miles de filas dependiendo de la longitud del documento).
- *Dibujando* la tabla. Para ello se puede hacer clic sobre el botón Dibujar tabla, o seleccionar Tabla / Dibujar tabla. Esta posibilidad, que se realiza de forma intuitiva,

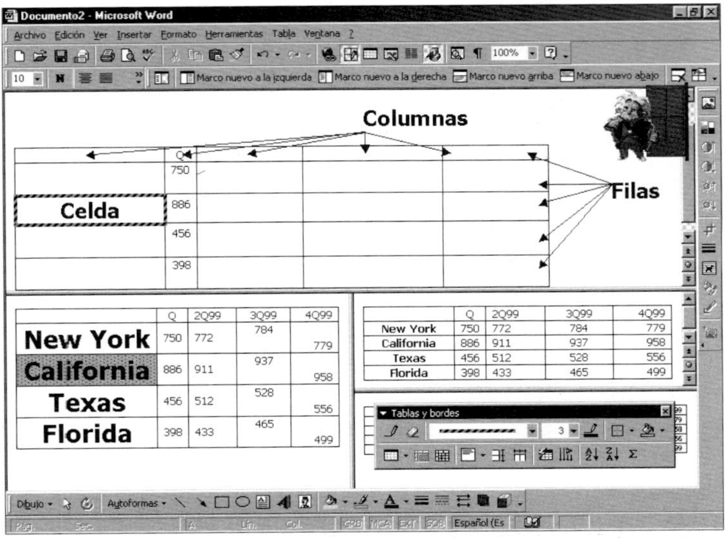

Figura 6.23

Figura 6.24

permite diseñar las tablas más complejas. El procedimiento es situar el punto de inserción en donde se desea situar la tabla, arrastrar el ratón (cuyo puntero se habrá transformado en un lápiz) desde el borde superior izquierdo al borde superior derecho para dibujar los límites de la tabla (el rectángulo) e ir luego dibujando todas las líneas interiores de la misma.

Una vez construida la tabla, para activar sus distintas celdas, por ejemplo para introducir los datos, puede ir haciendo clic sobre cada celda o pulsar la tecla <**Tab**> (celda siguiente) o <**Mayús-Tab**> (celda anterior) (véase figura 6.25).

> *Al pulsar <**Tab**> después de introducir información en la última celda, se crea una nueva fila de celdas en blanco al final de la tabla.*

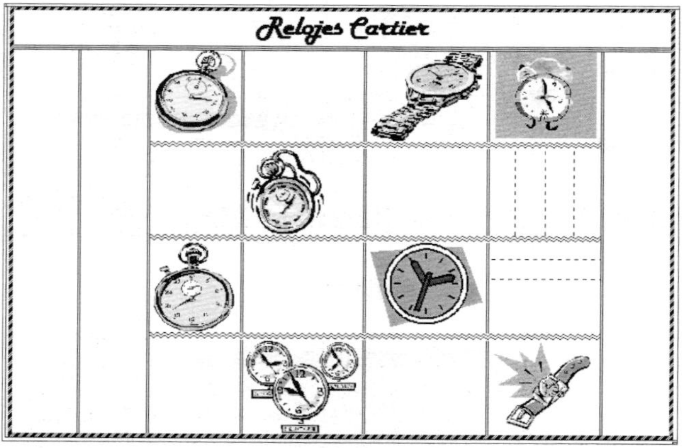

Figura 6.25

Como ejemplo, puede construir la tabla que se presenta en la figura 6.26.

Una vez construida, basta con tener activa cualquiera de sus celdas y seleccionar Formato / Autoformato de tablas... , para acceder a las 31 posibilidades predefinidas (véanse figuras 6.27 y 6.28).

Propiedades de la tabla

Si se pulsa el botón derecho sobre la tabla, accederá a su menú desde el que puede seleccionar Propiedades de la tabla (véase figura 6.29).

El valor más adecuado para la anchura de cada una de las filas y columnas se puede determinar de forma automática:

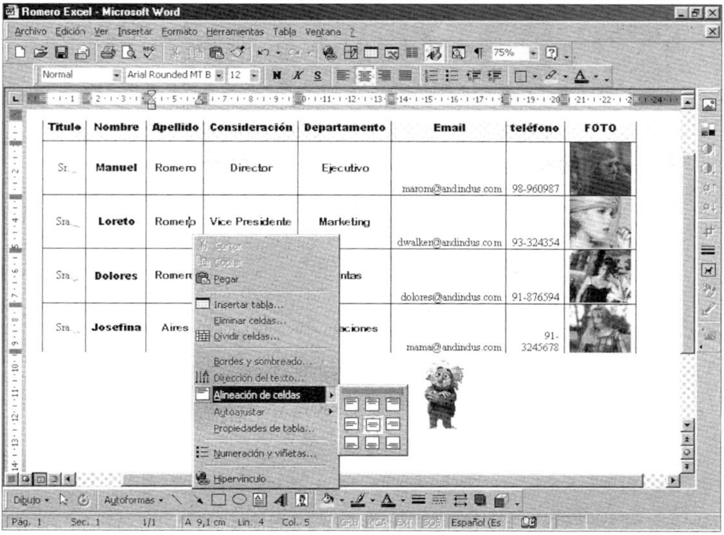

Figura 6.26

Título	Nombre	Apellido	Consideración	Departamento	Email	teléfono	FOTO
Sr.	Manuel	Romero	Director	Ejecutivo	marom@andindus.com	98-960987	
Sra.	Loreto	Romero	Vice Presidente	Marketing	dwalker@andindus.com	93-324354	
Sra.	Dolores	Romero	Manager	Ventas	dolores@andindus.com	91-876594	
Sra.	Josefina	Aires	Director	Operaciones	mama@andindus.com	91-3245678	

Figura 6.27

Título	Nombre	Apellido	Consideración	Departamento	Email	teléfono	FOTO
Sr.	Manuel	Romero	Director	Ejecutivo	marom@andindus.com	98-960987	
Sra.	Loreto	Romero	Vice Presidente	Marketing	dwalker@andindus.com	93-324354	
Sra.	Dolores	Romero	Manager	Ventas	dolores@andindus.com	91-876594	
Sra.	Josefina	Aires	Director	Operaciones	mama@andindus.com	91-245678	

Figura 6.28

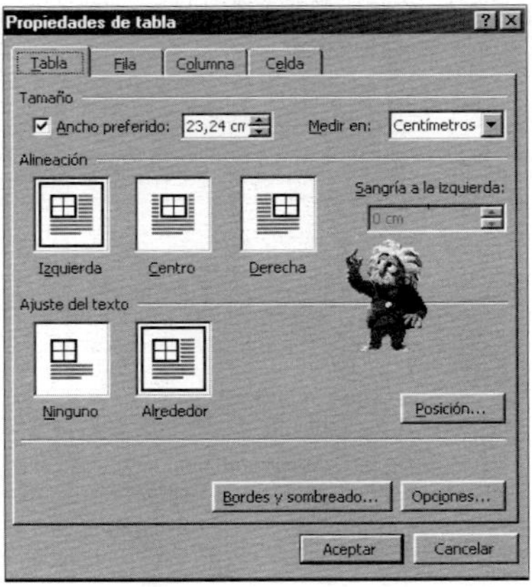

Figura 6.29

1. Seleccione previamente toda la tabla.
2. Seleccione Tabla / Distribuir filas uniformemente.

Otra forma de ajustar los anchos consiste en hacer doble clic en una de las líneas de la cuadrícula.

3. Abra las fichas Tabla, Fila, Columna y Celda para modificar los correspondientes valores (véase figura 6.30).
4. Seleccione Tabla / Autoajustar / Distribuir columnas uniformemente (véase figura 6.31).

Cómo añadir o quitar filas y/o columnas

Para eliminar una fila de la tabla:

1. Seleccione la fila (haciendo clic sobre una celda de la misma y seleccionando Tabla / Seleccionar fila o con el ratón).
2. Seleccione Tabla / Eliminar filas.
   Para eliminar una columna se procede de forma similar.

Figura 6.30

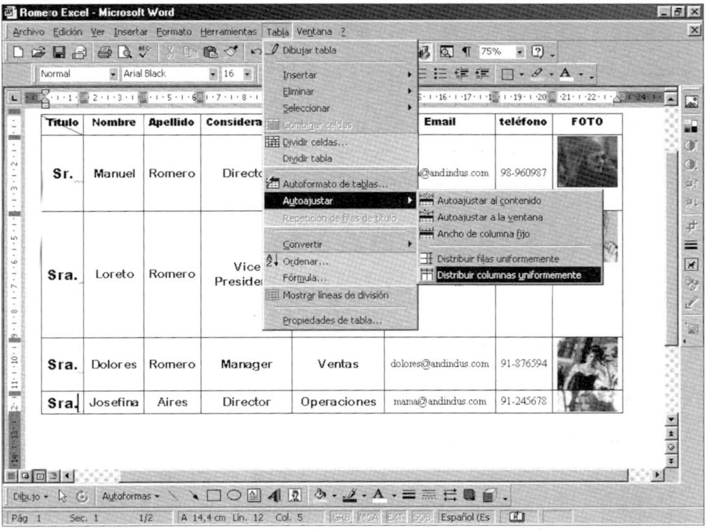

Figura 6.31

Para insertar una nueva fila:

3. Seleccione aquella columna debajo de la cual ha de aparecer la nueva fila.
4. Haga clic en el nuevo icono que surge en la barra de herramientas Estándar titulado Insertar filas.

5. Añada una fila, las filas existentes se desplazan hacia abajo para hacer sitio a aquélla.
   Para insertar una nueva columna, se procede de forma similar. Las figuras 6.32 y 6.33 muestran algunas de estas operaciones.

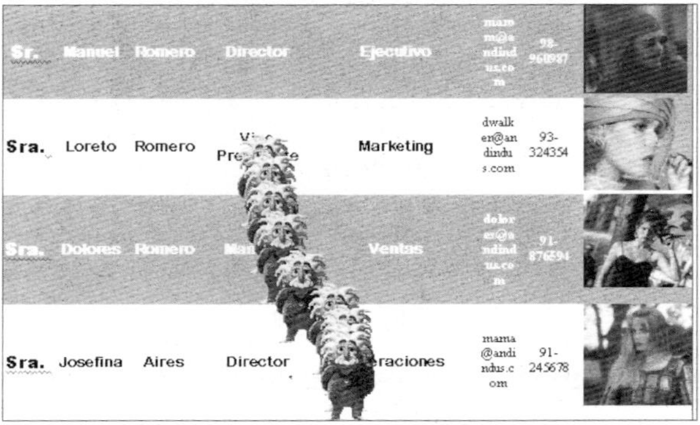

Figura 6.32

Figura 6.33

Cómo añadir bordes y sombreado a una tabla

Si no desea utilizar los autoformatos predefinidos para la tabla creada y, por el contrario, desea crear uno propio, una de las características que puede añadir son los bordes y el sombreado. Lo más recomendable para estas operaciones es utilizar la barra de herramientas de Tablas y bordes (véase figura 6.34).

Figura 6.34

Si ha creado la tabla de la figura 6.33, puede seguir estos pasos para añadirle bordes y sombreados:

1. Seleccione la fila sin datos.
2. Utilice el botón **Borde exterior** de la barra de herramientas **Tablas y bordes** para eliminar las cuadrículas de dicha fila.
3. Seleccione la columna sin datos.
4. Seleccione **Formato / Bordes y sombreado...**
5. Elija las opciones que correspondan para que el resultado final sea como el de la figura 6.35.
6. Seleccione la segunda celda (texto Manuel), cambie desde el menú **Formato** la Dirección del texto, dentro de la casilla de su actual posición horizontal a otra en vertical.
7. Cambie el tipo de fuente de dicha celda y sustitúyala por otro: **Bauhaus 93** y tamaño **28** (o similar).
8. Seleccione la 4ª columna y alinee los datos hacia la izquierda.
9. Borre los datos numéricos de la 5ª fila.
10. Compruebe que el resultado final sea parecido al de la tabla que se muestra en la figura 6.35.

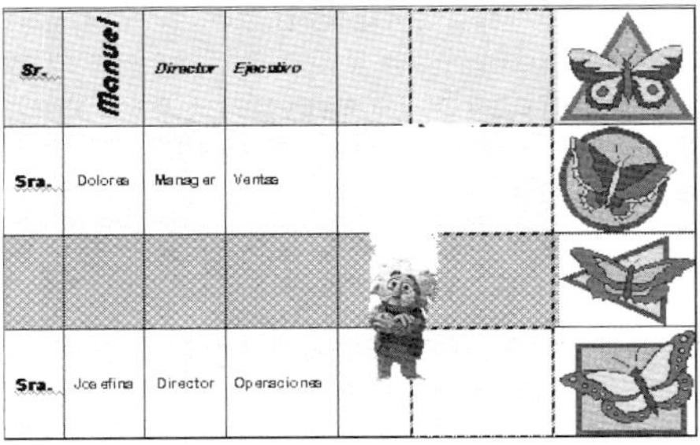

Figura 6.35

> *Se pueden realizar cálculos sencillos en las tablas: sumas, restas, multiplicaciones, divisiones, y cálculos de promedios. Si usted maneja hojas de cálculo como Excel, el procedimiento es muy similar.*

Qué hemos aprendido

- A situar encabezados y pies de página.
- A numerar las páginas.

- A situar comentarios de varios autores en un texto.
- A colocar en el fondo de página una marca de agua.
- A agregar viñetas o números a nuestros párrafos.
- A trabajar con tablas.

Ejercicios

1. Cree un encabezado de página con el siguiente texto: Club de buceo Amarras.
2. Numere a pie de página su documento, con el número 24, y con una alineación centrada.
3. Abra cualquier documento, e introduzca dos comentarios de dos autores ficticios al mismo.
4. Escriba el suficiente texto para que, al distribuirlo en dos columnas, éstas queden separadas por una línea (real o imaginaria) y haya texto en ambas. Podría empezar con....

   "Querrá Dios [que] halle agradecimiento alguno mi deseo, cuando no merezca alabanza mi trabajo, que con eso tendré algún premio de los que da el vulgo con mano escasa; que no soy tan soberbio que me precie de tener envidiosos, pues de tenerlos tuviera por gloriosa recompensa el merecerlos tener"........

   (Sueño del Infierno)

5. Cree la tabla de la figura 6.36.

Astronomía

Estrellas más brillantes

Nombre	M.aparente	M.absoluta	Temp. °K	Luminosidad	Radio	Masa
SOL	-25,7	4,8	5.800	1	1	1
SIRIO	-1,52	1,4	11.200	26	1,8	2,5
CANOPUS	-0,86	-7,4	8.000	80.000	210	25
CENTAURO	-0,33	4,7	6.000	1,1	1	1,1
VEGA	0,14	0,6	11.200	50	2,4	3
CAPELLA	0,21	-0,6	5.500	150	12	4,2
ARTURO	0,24	-0,2	4.500	100	30	4
RIGEL	0,34	-5,8	12.500	18.000	42	17

Figura 6.36

Lección 7

Impresión de documentos

Introducción

En las lecciones previas, ha aprendido a crear un documento, a dar formato al mismo y a introducir aquellas características que le dan el aspecto final deseado. Cada uno de los documentos que hemos creado, una vez revisados, tendrán probablemente como destino final su impresión y posterior distribución.

En esta lección se explicarán las distintas modalidades de impresión.

Vista preliminar

Una vez escrita una carta, un fax, o cualquier otro documento, es posible acceder a una vista preliminar del mismo, con el objetivo de comprobar cómo quedaría impreso. El objetivo es claro: el evitar el gasto inútil de tiempo, esfuerzo y papel.

Desde la ventana Vista preliminar de Word 2000, se puede ver el aspecto global de una página, de varias páginas o de la totalidad de las mismas. El número máximo de páginas que se pueden ver simultáneamente son doce repartidas en dos filas de seis columnas.

Una vez recuperado alguno de sus documentos:

1. Seleccione Archivo / Vista preliminar. Se abrirá la ventana de la figura 7.1.

Puede abrir la ventana de la figura 7.1 haciendo clic sobre el botón de la barra de herramientas Estándar *o pulsando* **<Control-F2>**.

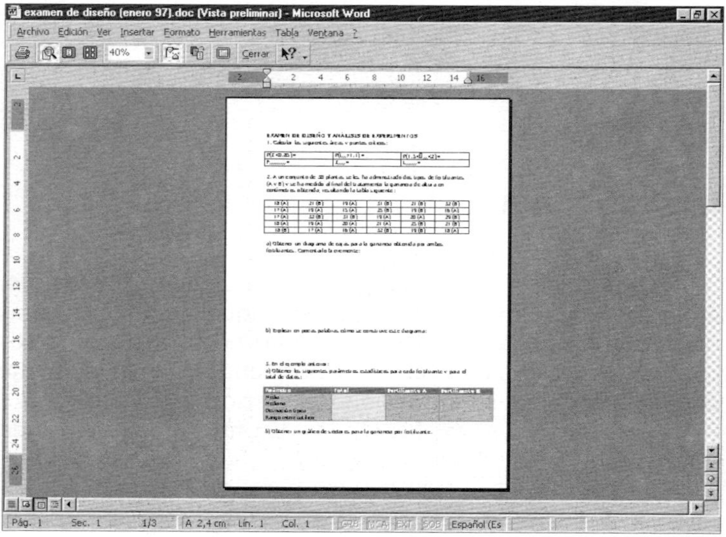

Figura 7.1

Para cambiar el tamaño del texto desde la Vista preliminar, *se puede hacer desplazar el puntero (que tendrá forma de lupa) sobre una zona y hacer clic: automáticamente se amplia el área que lo contiene. Si se repite la operación, el texto vuelve a su tamaño original.*

La barra de herramientas de la Vista preliminar contiene los botones que permiten realizar las operaciones características de impresión desde la ventana.

- Si se desea trabajar con el documento, se puede hacer clic sobre botón Aumentar ; sitúe entonces el punto de inserción sobre el sitio deseado y realice los cambios oportunos.

- El botón Cerrar, permite salir de la vista preliminar.
- Si se hace clic sobre el botón , se podrá elegir la visualización de varias páginas en la ventana (véase figura 7.2), si es que el documento las tuviera.

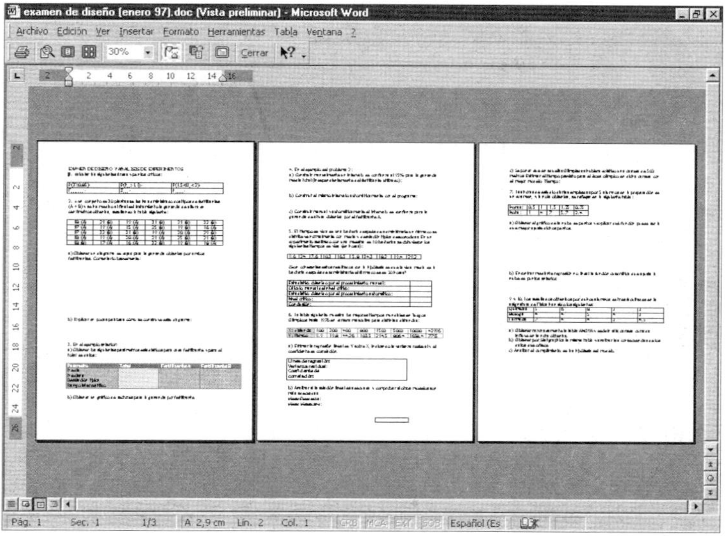

Figura 7.2

- Si se hace clic sobre el botón se verá, de nuevo, una sola página en la ventana.
- El botón Zoom 30% abre una lista desplegable que, de forma porcentual, permite ampliar o reducir el campo de visión. Se puede elegir un valor, o seleccionar uno de los preestablecidos.
- El botón Ver regla , activa o desactiva la Regla de la pantalla, con la que podremos modificar las tabulaciones y los márgenes, moviendo sobre las reglas horizontal y vertical el puntero con el ratón.
- Ocurre a veces que, al final del documento, una pequeña parte del mismo inicia una nueva hoja, por lo que puede ser interesante incluirla en la página anterior. Podemos solventar el problema haciendo clic sobre el botón , con lo que se ajusta el tamaño de la letra

elegida para poder escribir un poco más sobre la página.

- El botón Pantalla completa, elimina los menús de la pantalla, con lo que se ve más texto en ella.
- Finalmente, el botón Imprimir, envía a la impresora el documento visualizado.

> *Puede desplazar con el teclado el punto de inserción en la ventana de* Vista preliminar, *de idéntica forma que lo haría desde una ventana de documento, usando las teclas de flecha, **<AvPág>** y **<RePág>** y las combinaciones especiales:* **<Control-Fin>**, **<Control-Inicio>**...

Cómo cambiar la configuración de los márgenes

Por defecto, los valores de los márgenes predeterminados son:

- Superior e Inferior de 2,5 cm.
- Izquierdo y Derecho de 3 cm.

Éstos se pueden cambiar de esta forma:

1. Seleccione Archivo / Configurar página...
2. Abra la ficha Márgenes (véase figura 7.3) e introduzca los valores a utilizar en el recuadro que corresponda.
3. Haga clic sobre el botón Aceptar.

Cómo cambiar la alineación de la página

Desde este mismo cuadro de diálogo, y abriendo la ficha Diseño, es posible cambiar la alineación vertical del texto en la página con las opciones: Superior, Justificada y Centrada (véase figura 7.4).

- La opción Superior, alinea la parte superior del primer párrafo, con el margen superior. Es la opción por defecto.

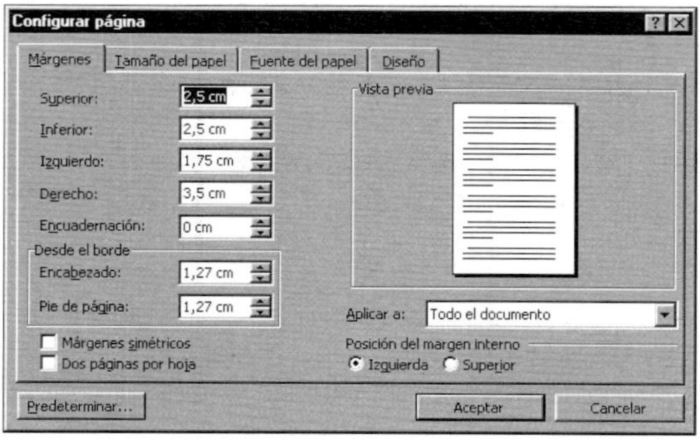

Figura 7.3

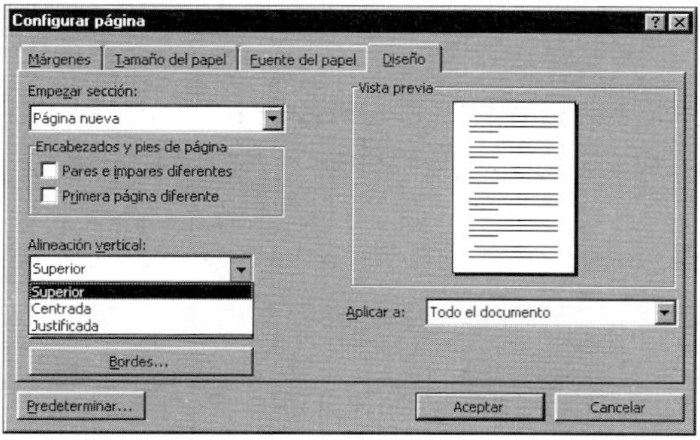

Figura 7.4

- La opción Centrada, alinea los párrafos ajustándolos al centro de la página.
- La opción Justificada, alinea la parte superior del primer párrafo con el margen superior, la parte inferior del último párrafo con el margen inferior, y distribuye el resto del texto, entre ambos márgenes.

El distinto resultado que una u otra opción produce se puede ver en la figura 7.5.

Cómo efectuar la impresión

Una vez que el documento presenta su aspecto definitivo, podemos imprimirlo de cualquiera de estas dos formas:

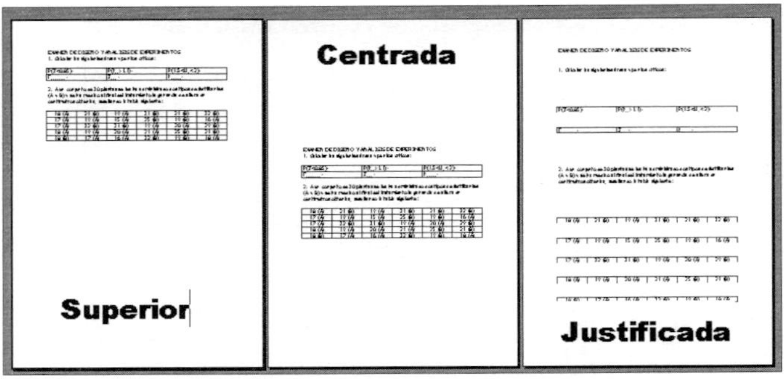

Figura 7.5

- Haciendo clic, sobre el botón de la barra de herramientas Estándar: el documento se debe imprimir directamente.
- Seleccionando Archivo / Imprimir... o pulsando <**Control-P**>: podrá dar instrucciones antes de imprimir definitivamente, mediante el cuadro de diálogo Imprimir (véase figura 7.6).

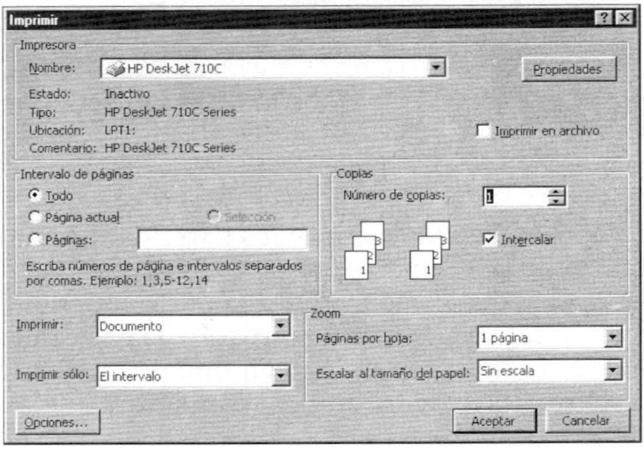

Figura 7.6

Antes de optar por imprimir un documento, debe tener la precaución de guardarlo, *para evitar que cualquier problema que pudiera ocurrir durante la impresión, borre el documento.*

Opciones de impresión

Desde el cuadro de diálogo Imprimir, se pueden seleccionar distintas opciones de impresión, la mayoría de las cuales se enumera a continuación:

- Lista despegable Nombre (*de la impresora*). Presenta una relación de las impresoras instaladas en el equipo, pudiendo entonces elegir una de ellas.
- Botón Propiedades. Permite acceder a las propiedades de la impresora seleccionada, lo que conlleva la posibilidad de elegir entre diferentes tamaños de papel, la orientación de la página (Vertical u Horizontal), la calidad de la impresión...
- Imprimir en archivo. Esta opción es muy interesante, ya que va a permitir llevar el archivo a un disco que se puede transportar a un ordenador en el que está instalada la impresora, e imprimirlo en ésta, con todas las opciones de formato incluidas. Al hacer clic sobre el botón Aceptar, Word pediría un nombre para el fichero destino: por ejemplo ROMERO.PRN, fichero que podría guardarse en cualquier disco. La ventaja de este procedimiento es que no es necesario que el ordenador con la impresora tenga instalado Word 2000. Podría llevar el fichero anterior en un disquete e imprimir el fichero con la orden del DOS: COPY /B A:ROMERO.PRN LPT1.
- Todo. Esta selección imprime todas las páginas del documento.
- Página actual. Sólo imprime la página en la que esté situado el punto de inserción.
- Páginas. Imprime las páginas especificadas. Entre ellas, y para que sean reconocidas, hay que incluir comas, por ejemplo: 1,4,8,9 o bien 1-5 para indicar que imprima desde la página 1 a la 5.
- Selección. Solamente imprimirá el texto seleccionado previamente.
- Número de copias. Permite introducir los valores del número de copias que se deseen del documento.
- Intercalar. Permite hacer más de una copia de un documento con más de una página, por ejemplo, para

imprimir tres reproducciones de un documento con 10 páginas, primero hará una copia de todo el documento, luego la siguiente copia de las 10 páginas y finalmente la última.

- Imprimir . Especifica lo que se quiere imprimir, con varias opciones: Documento, Resumen, Comentarios, Estilos, Autotexto y Asignaciones de teclas.
- Imprimir sólo 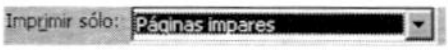. Permite elegir entre Imprimir todo, Sólo las páginas pares o Sólo las páginas impares (disponible sólo si se selecciona Documento).
- Finalmente, haciendo clic sobre el botón Aceptar, las páginas seleccionadas se envían a la impresora y haciendo clic sobre Cancelar, se cancela la impresión y se cierra el cuadro de diálogo.

Para no tener ningún problema a la hora de imprimir, hay que tener bien instalada la configuración de la impresora que estamos utilizando, operación ésta que se realiza desde Windows, y no desde Word.

Cómo imprimir varias páginas en una hoja

Word 2000 dispone de una interesante capacidad: la de imprimir varias páginas en una sola hoja de papel. Para ello:

1. Pulse <**Control-P**> para abrir el cuadro de diálogo Imprimir.
2. Abra la lista desplegable Páginas por hoja (véase figura 7.7) y seleccione el número. Al hacer clic sobre el botón Aceptar, Word ajustará la fuente para imprimir en la hoja las páginas especificadas.

Cómo imprimir varios documentos

Si desea imprimir múltiples documentos, no necesita abrirlos previamente. Puede seleccionarlos e imprimirlos siguiendo estos pasos:

Figura 7.7

1. Seleccione Archivo / Abrir o pulse <**Control-A**>. Aparecerá el cuadro de diálogo Abrir (véase figura 7.8).
2. Seleccione los archivos a imprimir. Para ello, haga clic sobre el primero y, manteniendo pulsada la tecla <**Control**>, haga clic sobre los restantes (véase figura 7.8).

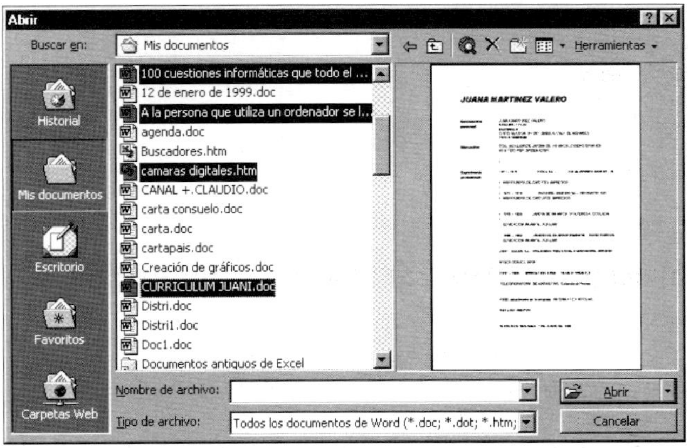

Figura 7.8

3. Pulse el botón derecho del ratón sobre uno de los archivos seleccionados para abrir el menú contextual y elija Imprimir.

> *Otra posibilidad desde el cuadro de diálogo* Abrir *es hacer clic sobre el botón* Herramientas *y seleccionar en el menú desplegable la opción* Imprimir.

Cómo imprimir un sobre

La tarea de imprimir sobres con Word 2000, resulta enormemente fácil. Se puede hacer un envío postal (*mailing*) desde una agenda de direcciones elaborada previamente e ir transcribiendo estos datos a los sobres.

1. Seleccione Herramientas / Sobres y etiquetas. El cuadro de diálogo que aparece contiene dos fichas: una para Sobres y otra para Etiquetas... que permiten controlar todo el proceso (véase figuras 7.9).
2. Abra la ficha Sobres.

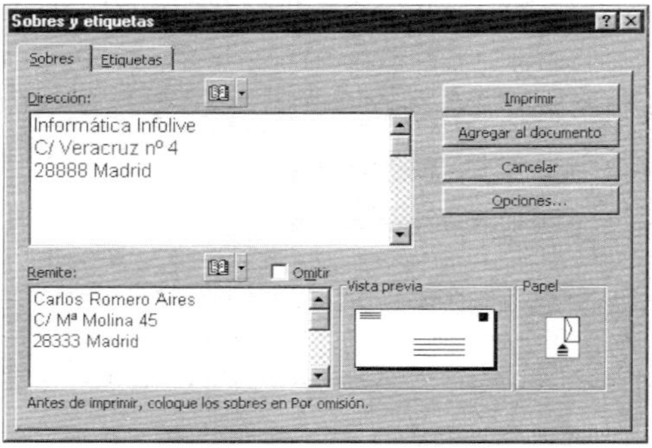

Figura 7.9

3. En el recuadro de texto Dirección:, teclee el nombre y la dirección a la que el sobre debe ser enviado. Si ya tiene una *agenda con direcciones*, seleccionándola de ella no tendrá que volverla a escribir.
4. En el recuadro de texto Remite:, teclee el nombre y la dirección del remitente.
5. Active la casilla de verificación Omitir, si desea excluir la dirección del remitente.

El botón Opciones... abre dos fichas con opciones para los tamaños de los sobres y para la entrada de éstos en la impresora (ficha Opciones de impresión –véase figura 7.10–).

6. Una vez seleccionadas las opciones de impresión, haga clic sobre el botón Imprimir para que el sobre se imprima.

Figura 7.10

7. También puede añadirlo al documento (para una impresión posterior) mediante el botón Agregar al documento que lo incorporará al mismo como página 0.

Cómo ilustrar los sobres

Si lo desea, puede añadir un dibujo, por ejemplo el logotipo de su empresa, a sus sobres, para darles una apariencia más profesional. Siga estos pasos, una vez añadido el sobre al documento:

1. Seleccione Insertar / Imagen.
2. Elija, de entre las opciones posibles de Imagen, aquélla que se ajuste a sus necesidades.
3. Una vez seleccionada la imagen apropiada, posiciónela y adapte su tamaño, con las técnicas desarrolladas en la lección 9, como en la figura 7.11.

Qué hemos aprendido

- A obtener una visualización previa del documento.
- A utilizar la barra de herramientas de Vista preliminar.
- A cambiar la configuración de los márgenes.
- A seleccionar la impresora desde la que se imprimirá.
- A elegir qué es lo que se va a imprimir.
- A imprimir varios ficheros a la vez y varias páginas en una hoja.
- A imprimir sobres.

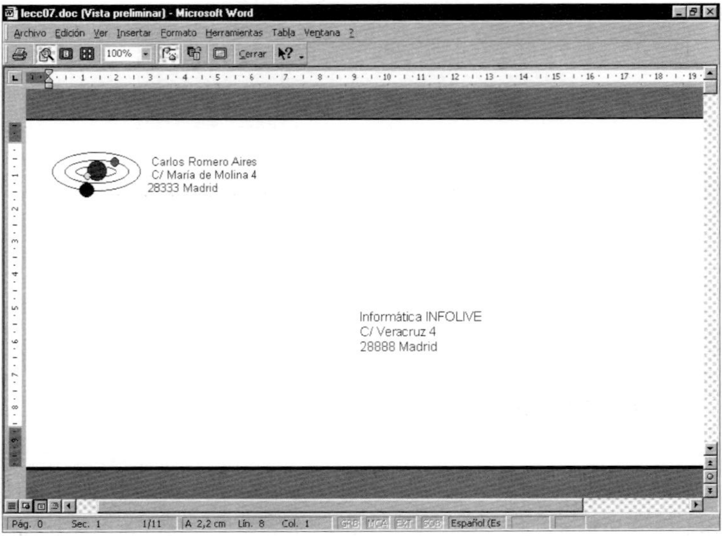

Figura 7.11

Ejercicios

1. ¿Cómo imprimiría sólo las páginas pares de un documento?
2. Si un documento tiene 20 páginas, ¿cómo podría imprimir desde la 4 hasta la 10?
3. Abra un documento y cambie los márgenes predeterminados introduciendo los siguientes valores: Superior 3,5 cm., Inferior 4 cm., Izquierdo 4 cm., y derecho 2 cm.
4. Para imprimir en una pequeña cartulina tamaño cuartilla, ¿cómo se podría seleccionar el tamaño del papel?
5. ¿Cómo podría imprimir direcciones en etiquetas autoadhesivas?

Lección 8

Asistentes, estilos y plantillas

Introducción

Word 2000 incorpora una gran variedad de asistentes y plantillas cuya principal ventaja radica en el ahorro de tiempo que su uso supone a la hora de elaborar documentos comunes que tengan un mismo formato: cartas, faxes, memorandos, currícula...

Como ocurre con otras funciones de Office, los asistentes y plantillas disponibles, o bien se instalan por defecto, o bien se instalan cuando se necesiten del CD correspondiente.

Ambos elementos se tratarán en esta lección, además de explicarse qué son los estilos y cómo trabajar con ellos.

Cómo utilizar los asistentes

Para acceder a los asistentes disponibles:

1. Seleccione Archivo / Nuevo... Aparecerán los asistentes disponibles asociados a fichas con tratamientos temáticos. Los asistentes incluidos en esta versión de Word permiten crear agendas, calendarios, sobres, páginas Web, cartas, etiquetas...
2. Active la ficha Otros documentos (véase figura 8.1).

Algunas de las fichas del cuadro de diálogo Nuevo son:

- General: incluye un documento en blanco y accesos a la creación de Páginas Web y envío de mensajes vía *e-mail*.

Figura 8.1

- Cartas y faxes: facilita la creación de ambos y la automática incorporación de datos, por ejemplo, las direcciones de envío, a partir de una agenda previa de datos.
- Memorandos: comunicaciones internas dentro de la empresa.
- Otros documentos: incluye modelos de currículos y más asistentes.
- Plantillas de Office 97: muestra una relación de las plantillas disponibles de esa versión.
- Además se incluyen las fichas Páginas Web (para crear y publicar documentos de hipertexto), Informes (elegantes, modernos, profesionales), Publicaciones (Directorio, Tesis...).

El asistente para calendarios

Cada uno de los asistentes de la figura 8.1, le dirige en el proceso de crear un documento concreto. En el caso del Asistente para calendarios, se pueden crear calendarios para cualquier mes de cualquier año que se desee.

1. Haga doble clic sobre el icono del Asistente para calendarios en la ficha Otros documentos del cuadro de diálogo Nuevo (véase figura 8.1). Aparecerá el primer cuadro de diálogo del asistente (véase figura 8.2).

Figura 8.2

2. Haga clic sobre el botón Siguiente.
3. Seleccione, en el siguiente cuadro de diálogo (véase figura 8.3), el estilo del calendario y haga clic sobre el botón Siguiente.

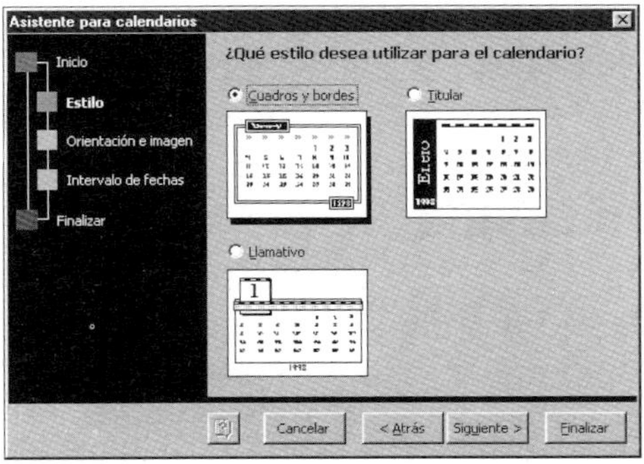

Figura 8.3

4. Seleccione la orientación (vertical u horizontal) y si se desea incluir una imagen en el mismo. Después, haga clic sobre el botón Siguiente.
5. Seleccione las fechas de inicio y fin del calendario y haga clic sobre el botón Siguiente.
6. Haga clic sobre el botón Finalizar. Se abrirá un documento nuevo que contendrá el calendario creado (véase figura 8.4), el cual podrá guardar, imprimir, cambiar de formato...

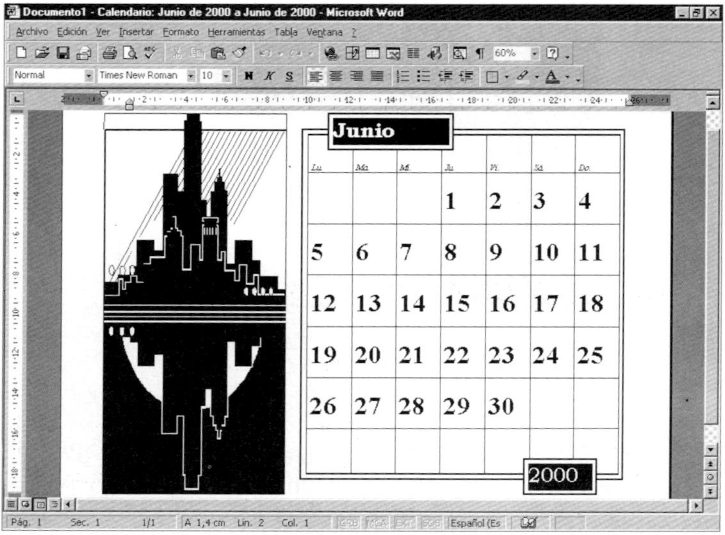

Figura 8.4

De forma análoga se puede proceder para utilizar otros asistentes.

Qué es un estilo

Un *estilo* es una colección de instrucciones de formato que podemos asignar a un texto previamente seleccionado de un documento. Cada estilo puede incluir atributos como el tipo de fuente y su tamaño, las tabulaciones, interlineados, líneas, etc.

Al utilizar estilos ahorrará tiempo a la hora de aplicar especificaciones de formato a caracteres y párrafos. Por ejemplo, podría decidir a la hora de crear un documento, que el encabezamiento tuviera sus textos en negrita y de un determinado tamaño, que los párrafos presentaran un espacio entre líneas concreto y un sangrado específico...

Aunque Word 2000 proporciona más de 100 estilos predefinidos, cuando se abre un documento nuevo con el botón de la barra de herramientas Estándar, en el recuadro de estilos de la barra Formato Normal existen inicialmente los estilos básicos de la figura 8.5.

Figura 8.5

Cómo usar un estilo básico

Para ver el funcionamiento de un estilo:

1. Abra un documento nuevo y escriba un texto.
2. Seleccione el texto, abra la lista de estilos de la figura 8.5 y haga clic sobre Título 1. El texto quedará afectado de las especificaciones incluidas en el estilo (véase figura 8.6).

> *También se puede proceder de la siguiente forma: seleccionar primero el estilo, escribir el texto y, al finalizar, seleccionar otro estilo, escribir de nuevo... Así sucesivamente.*

Cómo visualizar los estilos de un documento

A la hora de visualizar en pantalla los estilos del documento activo, se pueden hacer estas consideraciones:

- Por un lado, si, con la vista Normal, selecciona Herramientas / Opciones, activa la ficha Ver y especifica un *ancho del área de estilo* en cm., a la izquierda del documento se mostrarán los nombres de los estilos definidos. (Puede arrastrar la línea divisoria para mostrar mejor los estilos.)
- Por otro, si se pulsa <**Mayús-F1**> y se hace clic sobre algún punto de un párrafo, todos los atributos del estilo definido se mostrarán en pantalla.

El resultado de efectuar estas operaciones se muestra en la figura 8.6.

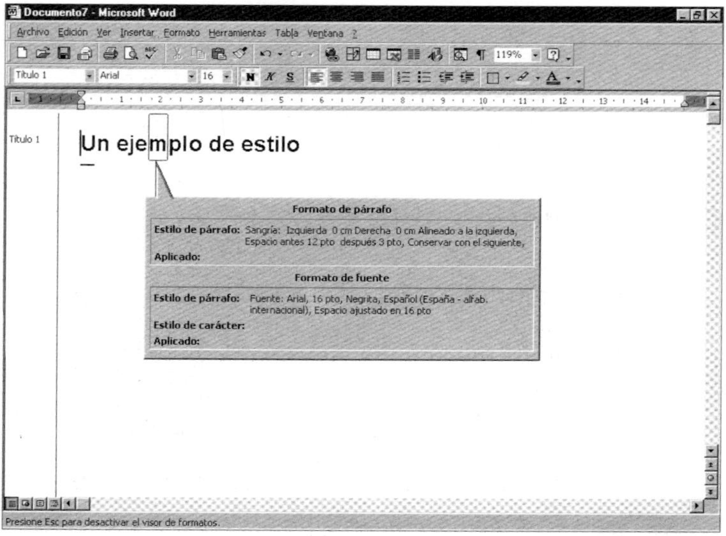

Figura 8.6

Otros estilos predefinidos de Word 2000

Además de los estilos añadidos al recuadro de la barra Formato, existen como ya se ha dicho más de 100 susceptibles de ser utilizados. Para visualizarlos y aplicar uno cualquiera:

1. Escriba un párrafo en el documento anterior (véase figura 8.7) y haga clic dentro de él.

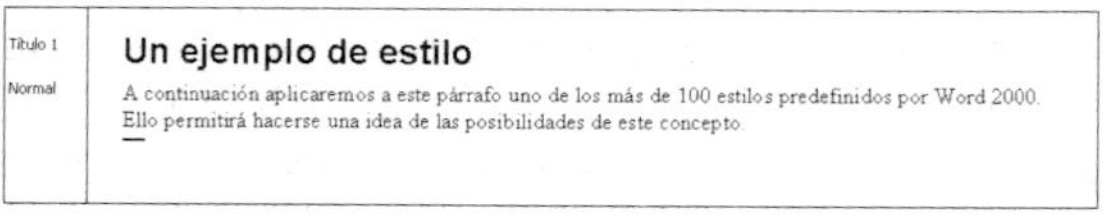

Figura 8.7

2. Seleccione Formato / Estilo para abrir el cuadro de diálogo Estilo de la figura 8.8 y active la opción Todos los estilos en la lista desplegable Lista.

3. Seleccione uno de los estilos, por ejemplo **Subtítulo**, y haga clic sobre el botón **Aplicar**. El párrafo tomará el aspecto correspondiente al estilo seleccionado, como se muestra en la figura 8.9.

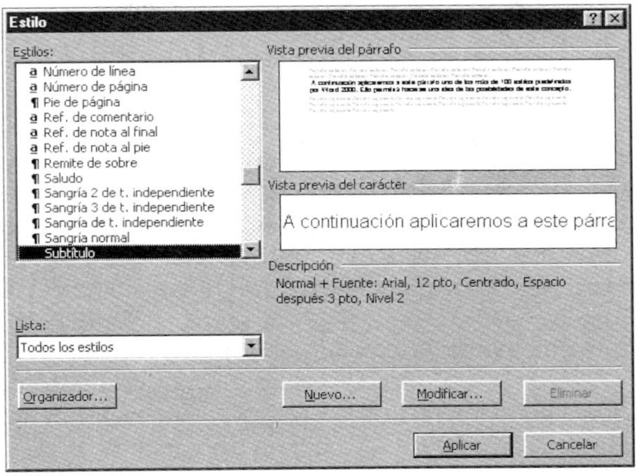

Figura 8.8

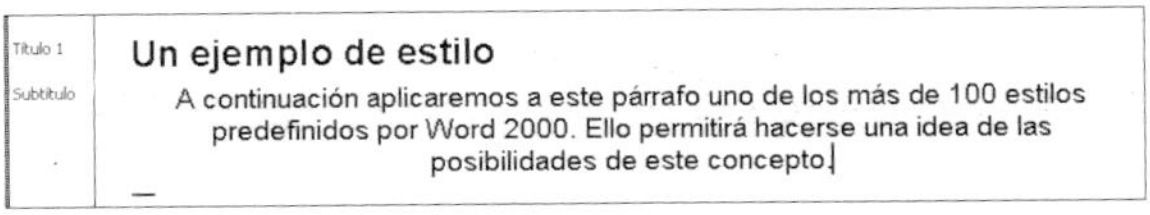

Figura 8.9

Cómo crear un estilo

Los estilos son especialmente útiles cuando el documento en el que trabajamos es grande. Imagine que tuviera que escribir un trabajo con muchos títulos (25), subtítulos(100), y párrafos (1000), seguramente le interesaría crear tres (o más) estilos especiales para aplicar en cada caso.

Puede crearse el estilo a partir de un documento nuevo o utilizando uno existente, lo que permite comprobar sobre la marcha el buen funcionamiento del estilo.

1. Escriba el documento siguiente:

```
MUEBLES LA RAMBLA
Nuestros dormitorios se hacen en las mismas
maderas y en los mismos tipos de laca que
nuestras librerías.
```

2. Haga clic dentro del título.
3. Seleccione Formato / Estilo.
4. Haga clic sobre el botón Nuevo para crear un nuevo estilo.
5. Teclee, en el recuadro Nombre:, un nombre para asignarlo al estilo que va a crear, por ejemplo Títulos vistosos, que se utilizará para resaltar ciertos títulos de un documento. Compruebe que están seleccionadas las opciones Tipo de estilo: párrafo y Basado en: Normal.
6. Haga clic sobre la casilla Agregar a la plantilla. De esta forma el estilo estará disponible en la plantilla activa que, por defecto, es la *normal*, de nombre Normal.dot (que es se abre un documento nuevo).
7. Haga clic sobre el botón Formato y, sucesivamente, sobre las opciones Fuente (y elija un tipo de letra, un tamaño...) y Bordes (y elija un borde y un sombreado). El cuadro de diálogo tendrá un aspecto similar al de la figura 8.10.
8. Haga clic sobre el botón Aceptar. El nombre del estilo se incorporará a la lista.

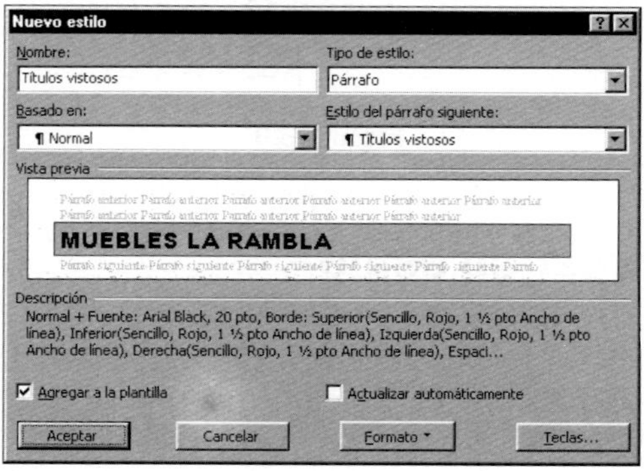

Figura 8.10

9. Haga clic sobre el botón Aplicar (o Cerrar).

El título seleccionado se mostrará con el estilo creado (véase figura 8.11).

Figura 8.11

Cómo aplicar el estilo creado

Para comprobar en otro caso el funcionamiento del estilo que se acaba de crear:

1. Abra un documento y escriba un título.
2. Abra el cuadro de diálogo Estilo... y seleccione el estilo que se acaba de crear y que estará incluido en la lista (Títulos vistosos).

El aspecto del documento será como el de la figura 8.12.

Figura 8.12

Los problemas surgen cuando al crear un tipo de estilo a una parte de un párrafo, y querer aplicarlo sólo a esa parte, todo el párrafo toma las características del estilo elegido. La solución pasa por seleccionar el estilo para caracteres en vez de hacerlo para el párrafo, de tal manera que en un documento se podrán ver diferentes estilos en diferentes lugares del mismo.

Qué es una plantilla

Una *plantilla* es un tipo especial de documento que facilita la creación de otros documentos de uso frecuente. Hay plantillas para crear cartas, faxes, currícula... Cada una de las plantillas consta a su vez de otros elementos, en particular de uno o varios estilos, y de texto común a todos los documentos.

Por defecto, a todo documento nuevo se le aplica la denominada Plantilla normal (fichero Normal.dot).

> *Muchos de los virus que afectan a Word, algunos de ellos conocidos como* virus de macro, *tienen como objetivo dañar el fichero Normal.dot.*

No obstante, si se van a confeccionar frecuentemente documentos con características comunes, quizás convenga crear una plantilla que sirva de base para todos ellos. Por ejemplo, la figura 8.13 muestra la plantilla para crear un currículum que se puede abrir seleccionando Archivo / Nuevo, activando la ficha Otros documentos y haciendo doble clic sobre el icono correspondiente.

En este documento, rellenando las áreas correspondientes, se puede confeccionar rápidamente el curriculum vitae que se pueda desear en un momento dado.

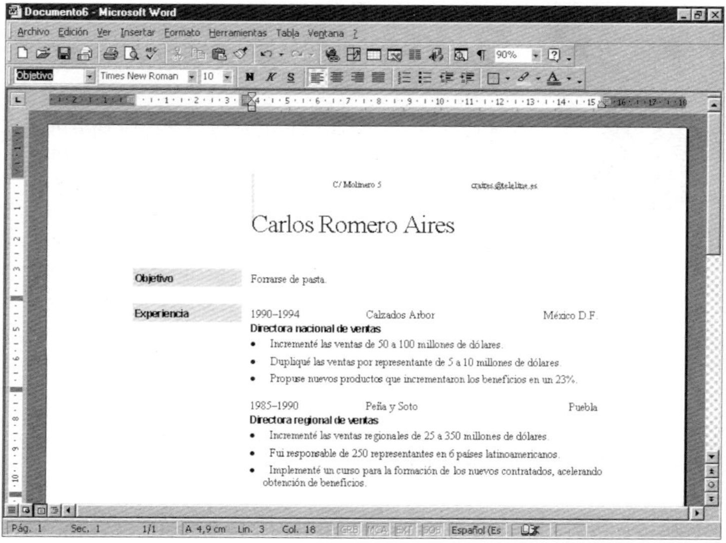

Figura 8.13

Localice todos los documentos de extensión DOT: son las plantillas para Word 2000.

Cómo crear plantillas

Pueden crearse plantillas a partir de documentos existentes, que se sabe que son un punto de partida interesante para crear otros, o *desde cero* si no hay ya creado ninguno con las características que convienen.

- Para crear una plantilla a partir de un documento existente, siga estos pasos:

1. Seleccione Archivo / Abrir... y, a continuación, abra el documento base haciendo doble clic sobre el mismo para crear la plantilla.
2. Agregue el texto y los gráficos que desee que aparezcan en la nueva plantilla, y elimine los que no quiera que aparezcan.
3. Seleccione Archivo / Guardar como.
4. Seleccione la opción Plantilla de documento en la lista desplegable Guardar como tipo.
5. Escriba el nombre de la nueva plantilla en la ventana Nombre de archivo y, a continuación, haga clic en Guardar. Word 2000 añadirá la extensión DOT al documento.

- Para utilizar la plantilla creada:

6. Seleccione Archivo / Nuevo.
7. Abra la ficha General y haga doble clic sobre el nombre de la plantilla que vaya a utilizar.

Se abrirá así el documento en el que podrá realizar los cambios que desee. Estos cambios no afectarán a la plantilla que se utiliza como base del documento.

Para basar una plantilla nueva en otra existente, seleccione Archivo / Nuevo, *haga clic en la plantilla que sea el punto de partida a la que desee crear, haga clic en* Plantilla *de la zona inferior* Crear nuevo *y, a continuación en* Aceptar.

Los temas de Word 2000

Puede mejorarse la apariencia visual de los documentos si se utilizan los temas, nuevos elementos de Word 2000. Cada tema, y en Word hay más de 60, posee unas características comunes, lo que le hace análogo a una plantilla, pero se diferencia de ésta en que el tema sólo se ocupa de los aspectos estéticos del documento. En realidad, los temas están pensados para ser utilizados para la creación de páginas Web pero su uso se puede extender a todo tipo de documentos. Para utilizar un tema:

1. Seleccione Formato / Fondo. Aparecerá el cuadro de diálogo de la figura 8.14.
2. Resalte el tema deseado y haga clic sobre el botón Aceptar.

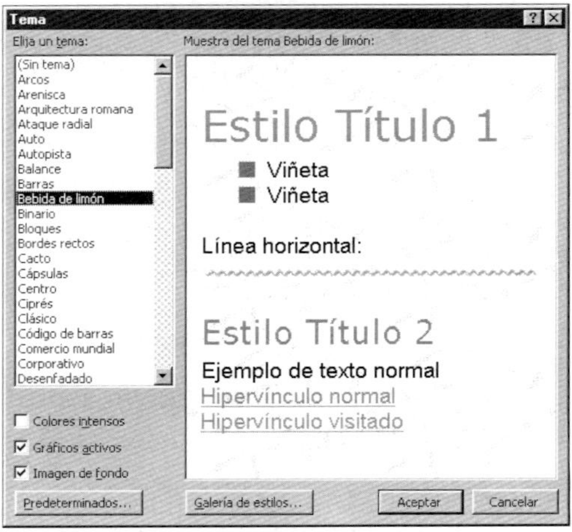

Figura 8.14

La forma en la que se ven los elementos del documento (imagen de fondo, color de los hipervínculos –véase lección 10–, colores...) en la figura 8.14, será la que presenten cuando se introduzcan en el documento (véase figura 8.15).

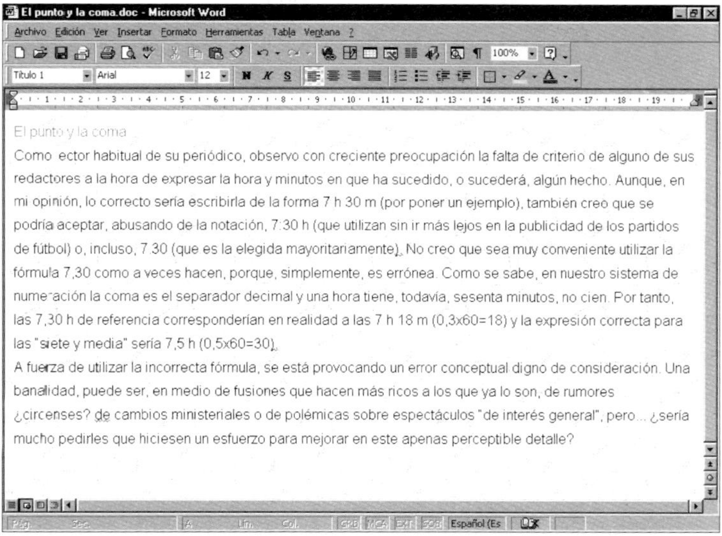

Figura 8.15

Puede seleccionarse **Formato / Tema** *y elegir la opción (***Sin tema***) para eliminar el tema seleccionado del documento.*

El cuadro de diálogo de la figura 8.14 presenta un botón, **Galería de estilos**, que da paso a una lista de estilos que modifican el aspecto del documento en uso (véase figura 8.16) o que permiten generar otros a partir de ellas.

Qué hemos aprendido

- A utilizar los asistentes de Word 2000.
- A crear y aplicar estilos.

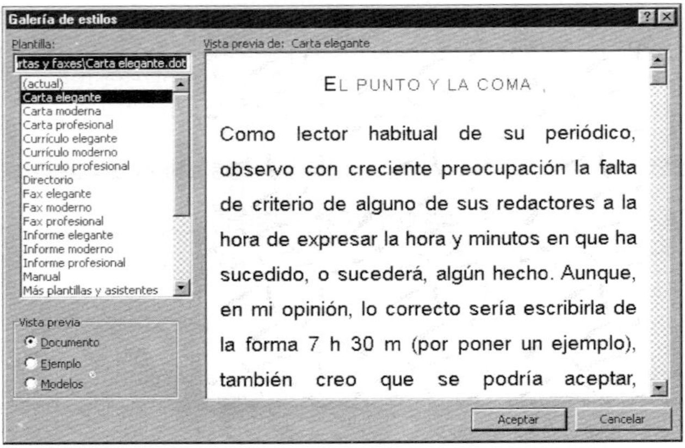

Figura 8.16

- A crear plantillas a partir de un documento ya escrito.
- A elegir un *tema* para el documento.

Ejercicios

1. Utilice el asistente de "currículo profesional", para elaborar uno suyo.
2. Abra un documento con un formato determinado. Guárdelo como una plantilla y ábralo posteriormente como tal para realizar cambios en él.
3. Cree un estilo de nombre Resaltar títulos para aplicar en los títulos con las siguientes características:

   Tipo de letra: Arial Narrow (o similar). Tamaño: 30 puntos. Negrita y cursiva.

4. Aplique el estilo creado a los títulos de algún documento.
5. Abra el asistente para cartas y escriba utilizando datos personales una carta elegante.

Lección 9

Objetos gráficos

Introducción

Word 2000, dispone de todas las herramientas y programas necesarios para hacer más atractivos los documentos que se creen con él. Se puede, por ejemplo, añadir dibujos, imágenes, diagramas y otros efectos especiales, como se verá en los apartados de esta lección.

Sobre las imágenes gráficas y otros objetos multimedia

Word 2000 permite incluir en los documentos imágenes, archivos de sonido, secuencias etc., que se pueden extraer de bibliotecas del propio programa, de otras aplicaciones, o importarlos mediante el *escaneo* de imágenes (si se dispone del hardware –escáner– necesario) o de archivos de cámaras fotográficas digitales.

Si cuando instaló el programa, se decidió por la instalación completa, se añadieron los filtros necesarios para hacer compatibles Word 2000 y los programas de gráficos más conocidos.

Cómo insertar imágenes

Word 2000 incluye una biblioteca o galería de imágenes con una amplia gama de elementos muy mejorada respecto a versiones anteriores (véase en la figura 9.1 algunas de estas imágenes).

Figura 9.1

1. Sitúe el punto de inserción donde quiera colocar su imagen.
2. Seleccione Insertar / Imagen. Aparecerán las distintas opciones que permiten insertar imágenes gráficas en el documento.
3. Haga clic en Imágenes prediseñadas... y active la ficha Imágenes. En pantalla aparecerán las imágenes de la categoría activa previamente elegida (véase figura 9.2).

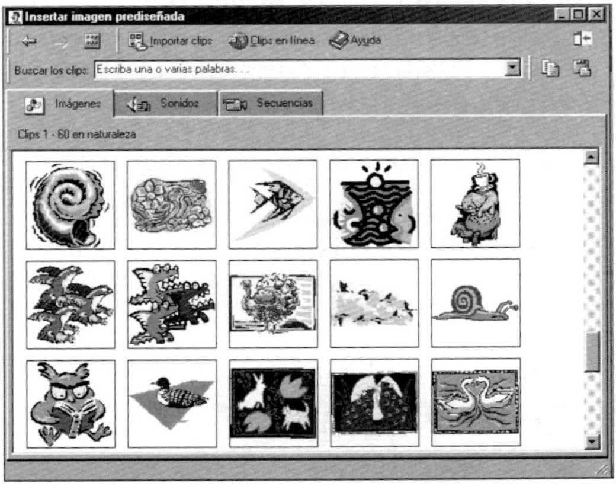

Figura 9.2

Puede escribir alguna palabra clave en el recuadro **Buscar los clips** *y, tras pulsar <**Intro**>, Word mostrará las imágenes relacionadas.*

4. Una vez elegida la imagen más apropiada haga clic sobre la misma.
5. Haga clic sobre el botón Insertar clip en el menú que se despliega, el dibujo elegido (véase figura 9.3) se colocará en el lugar indicado por el punto de inserción.

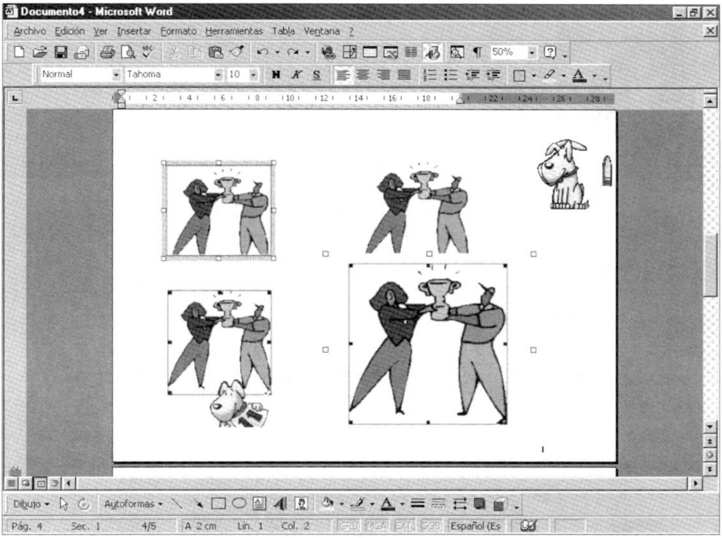

Figura 9.3

Cómo cambiar el tamaño de una imagen (objeto)

Cuando la imagen está seleccionada (y, en general, cualquier objeto gráfico), aparecen en sus extremos, o sobre las esquinas y lados de su periferia, los llamados *tiradores, asas* o *cuadros indicadores de selección* (véase figura 9.3).

Para cambiar de tamaño una imagen (u objeto), se pueden aplicar algunos de los siguientes procedimientos:

- Al tirar de un asa, el objeto amplia o disminuye su tamaño en esa dirección.
- Al tirar de un asa de esquina, el objeto amplia o disminuye su tamaño en ambas direcciones.
- Si al tirar de un asa de esquina, pulsa la tecla <**Mayús**>, el objeto conserva sus proporciones.
- Si al tirar de un asa de esquina, pulsa la tecla <**Control**>, el objeto, amplia o disminuye su tamaño a partir de un punto en el centro de su figura.

> *Otra posibilidad de modificar el aspecto de la imagen seleccionada es mediante el cuadro de diálogo que aparece al seleccionar* Formato / *Imagen...*

Veamos cómo puede modificar el tamaño de la imagen visualizada:

1. Seleccione la imagen.
2. Elija una de las opciones adecuadas para dejar la imagen como en la figura 9.3.
3. Haga clic sobre cualquier punto exterior para eliminar la selección de la imagen.

> *Puede mover una imagen (u otro objeto seleccionado), arrastrándolo con el ratón hasta otra posición donde se pueda situar el punto de inserción.*

Cómo borrar una imagen

Para borrar una imagen (o cualquier otro objeto):

1. Haga clic sobre ella para seleccionarla.
2. Pulse <**Supr**> o seleccione Edición / Borrar.

Cómo insertar imágenes de otros programas

Hay dos posibilidades para insertar imágenes de otros programas.

A) La forma más sencilla es abrir el programa del que se quieren extraer, cargar la imagen en él, seleccionarla, copiarla o cortarla para enviarla al portapapeles y pegarla en el documento de Word. Es decir, seguir el procedimiento habitual en Windows para intercambiar información de una a otra aplicación.

B) La otra forma es insertarla desde el archivo que la contiene como se describe a continuación:

1. Sitúe el punto de inserción donde quiera colocar su imagen.
2. Seleccione Insertar / Imagen.
3. Haga clic en Desde archivo..., seleccione la carpeta en la que se encuentra y haga clic sobre su nombre (véase figura 9.4).

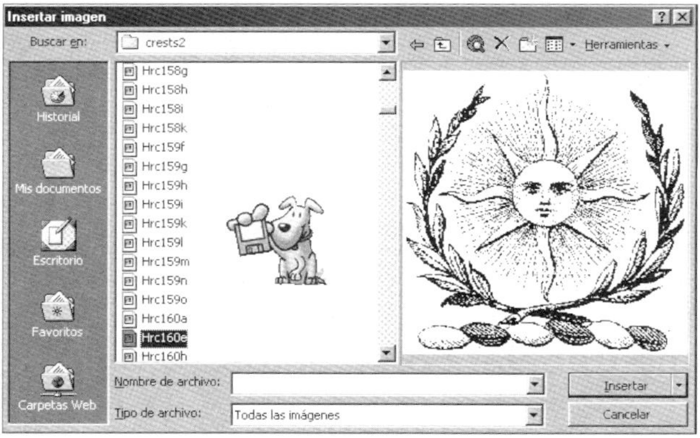

Figura 9.4

4. Haga clic sobre el botón Insertar.

Cómo añadir secuencias y sonido

Desde la Galería de imágenes es posible también insertar ficheros de audio y secuencias (gifs animados) en cualquier documento.

1. Abra el cuadro de diálogo de la figura 9.2 siguiendo los pasos descritos en el apartado correspondiente.
2. Active la ficha Sonidos (véase figura 9.5).

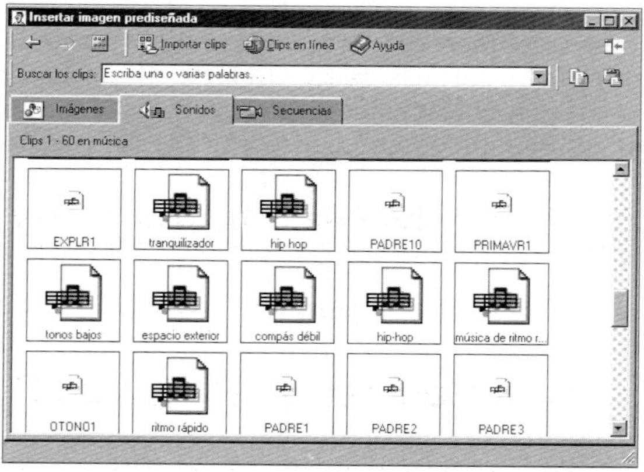

Figura 9.5

3. Haga doble clic sobre el archivo de sonido seleccionado para insertarlo en su documento.
4. Haga doble clic sobre él para oír el sonido elegido (debe de tener instalado en su ordenador y funcionando la tarjeta de sonido).
5. Repita el mismo procedimiento para insertar los ficheros de secuencias (véase figura 9.6).

Cómo trabajar con dibujos

Con Word 2000 podrá crear todo tipo de dibujos en los documentos sin más limitaciones que su imaginación y su arte personal. Para mayor facilidad puede utilizarse la barra de herramientas Dibujo (véase figura 9.7).

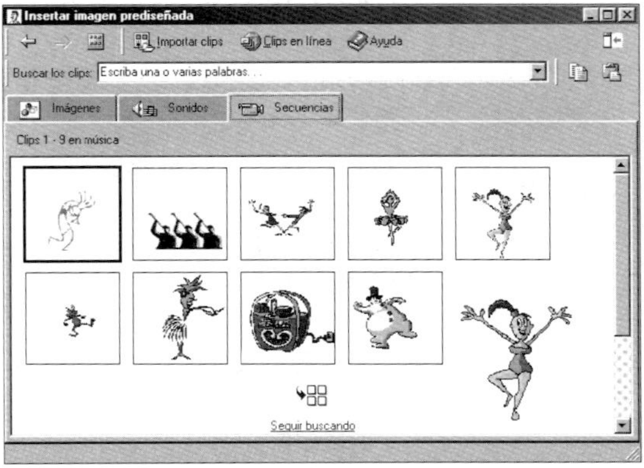

Figura 9.6

Figura 9.7

Cómo utilizar las herramientas de Dibujo

Con los botones adecuados de la barra de herramientas Dibujo, se activan las herramientas con las que se pueden dibujar *líneas, figuras geométricas, y Autoformas*. Al activar cualquiera de ellas, el aspecto del ratón cambia y pasa a ser una cruz. Entonces, hay que arrastrar el ratón hasta conseguir el tamaño y la forma deseada. Al soltar el ratón, la figura quedará seleccionada (es decir, enmarcada dentro de los *cuadros indicadores de selección*). Como se explicó anteriormente, podría cambiar la posición y el tamaño del dibujo seleccionado.

*Si elige la herramienta rectángulo o elipse de la barra de herramientas y al mismo tiempo que los va dibujando, mantiene pulsada la tecla <**Mayús**>, podrá obtener cuadrados y círculos perfectos.*

Las figuras 9.8 y 9.9 muestran algunos dibujos efectuados con Word 2000. Como puede observar, se pueden añadir diferentes efectos de sombra a cualquier línea, dibujo o autoforma, y efectos tridimensionales.

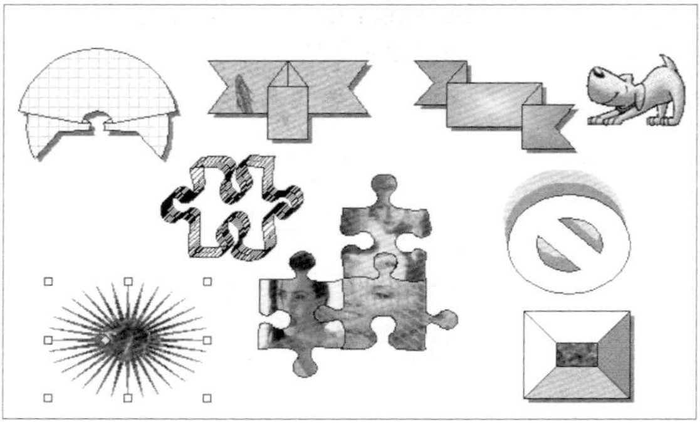

Figura 9.8

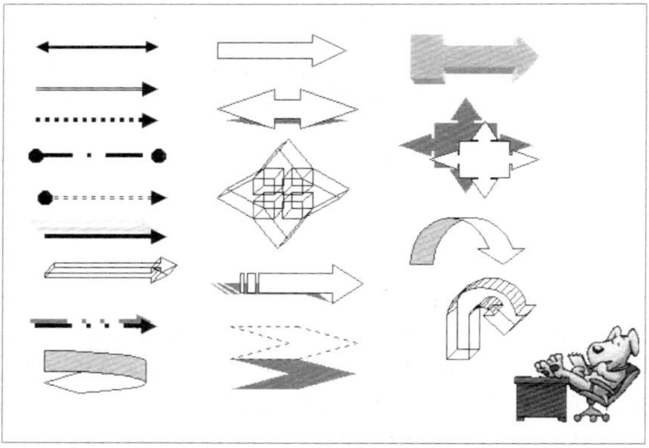

Figura 9.9

En los dibujos de Word 2000, cada línea o autoforma se considera un objeto *y para seleccionarlo basta con hacer clic sobre él.*

Cómo trabajar con diferentes objetos

Si ha situado varios objetos en su pantalla y quiere seleccionarlos, puede hacerlo de uno en uno, haciendo clic sobre el primero y, manteniendo pulsada la tecla <**Mayús**>, hacer clic sobre los demás (véase figura 9.10).

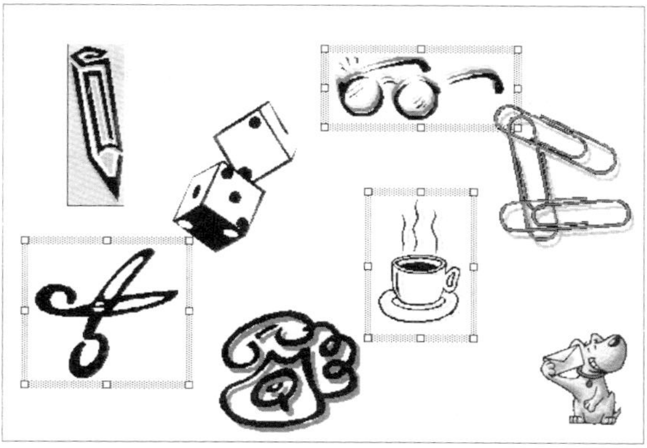

Figura 9.10

Si quiere seleccionar todos los objetos dibujados de una sola vez:

1. Haga clic sobre el botón Seleccionar objetos de la barra de herramientas Dibujo.
2. Arrastre el ratón sobre los que quiera seleccionar formando un rectángulo. Al soltar el botón del ratón, todos los objetos incluidos en la selección quedan seleccionados. Para quitar la selección sólo tiene que hacer clic fuera de los cuadros de selección de cualquiera de los objetos.

Qué es un cuadro de texto

Los cuadros de texto se pueden utilizar para conseguir formas más atractivas de organizar el texto y aprovechar de paso los nuevos efectos gráficos. Las figuras 9.11 y 9.12 muestran dos ejemplos de cuadros de texto.

Algunas de las ventajas que ofrecen son las siguientes:

- Pueden aplicarse sobre ellos distintos efectos: 3-D, sombras, estilos de borde, colores, rellenos y fondos.
- Pueden girarse y voltearse.
- Puede cambiarse la orientación del texto.

- Puede elegirse entre una gran variedad de opciones para ajustar el texto.

Cómo insertar un cuadro de texto

Para situar un cuadro de texto en el documento:

1. Seleccione **Insertar / Cuadro de texto** o haga clic sobre el botón de la barra de herramientas de **Dibujo**. El puntero del ratón cambia y pasa a ser una cruz.
2. Arrastre el ratón hasta conseguir el tamaño conveniente al cuadro de texto.

Al seleccionar el cuadro de texto, aparecen sus cuadros indicadores que permiten modificar el tamaño definitivo.

3. Teclee el texto que corresponda.

También podemos seleccionar un texto previo y actuar según los puntos 1 ó 2 (véase figura 9.11).

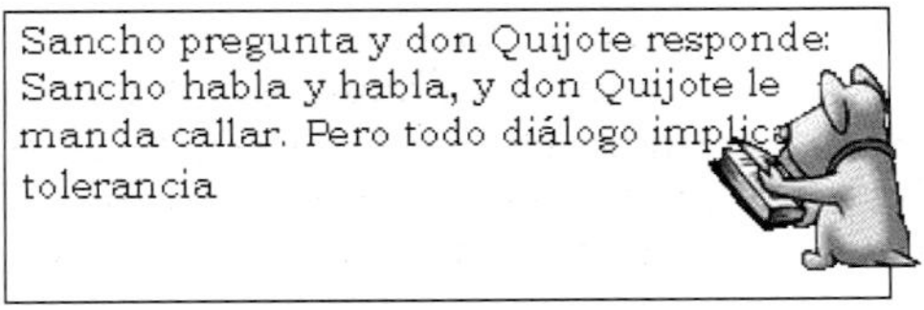

Figura 9.11

4. Si se teclea más texto del que cabe en el interior del cuadro de texto, el texto no se ve pero tampoco desaparece, para hacerlo visible basta con ampliar la zona interior del cuadro de texto arrastrando los indicadores de selección.

> *Para situar un objeto gráfico, en el interior de un cuadro de texto, abra en primer lugar el cuadro de texto y, después, sitúe el dibujo en su interior (al revés no funciona –véase figura 9.12–).*

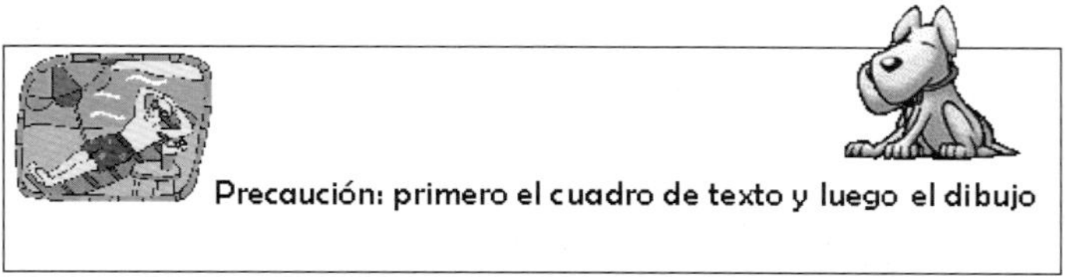

Figura 9.12

Los cuadros de texto se comportan como "objetos de dibujo". Por tanto, puede cambiar su tamaño y su posición utilizando idénticos procedimientos que los realizados anteriormente.

Cómo situar un cuadro de texto en la página

Para situar un cuadro de texto en la página tiene dos opciones.

A) Arrastrarlo al lugar preciso.
B) Abrir la lista desplegable Dibujo, en la barra de herramientas de dibujo. Así dispondrá de nuevas opciones relativas al tratamiento del texto dentro del cuadro: Ordenar, Empujar, Alinear o distribuir, Girar o voltear...

Cómo ajustar texto alrededor de los cuadros de texto

El ajuste determina la interdependencia entre el texto escrito y la situación de los cuadros de texto. Se dispone de cinco estilos de ajuste y cuatro situaciones básicas en las que se puede determinar las distancias desde el texto.

1. Cree un cuadro de texto y déjelo seleccionado.
2. Sitúelo sobre algún punto del documento en el que hubiera texto escrito.

3. Seleccione Formato / Cuadro de texto.
4. Abra la ficha Diseño.
5. Seleccione alguna de las posibilidades disponibles.
6. Haga clic sobre el botón Aceptar.

Se pueden ajustar de igual forma el resto de objetos gráficos tratados en la lección.

Cómo añadir colores y líneas a un cuadro de texto

Al añadir un cuadro de texto Word 2000, por defecto, incluye un borde con el formato de una simple línea alrededor del cuadro de texto. Se puede modificar dicho perímetro y el área incluida en su interior utilizando para ello las posibilidades que brinda la ficha Colores y líneas que puede activarse al seleccionar Formato / Cuadro de texto (véase figura 9.13).

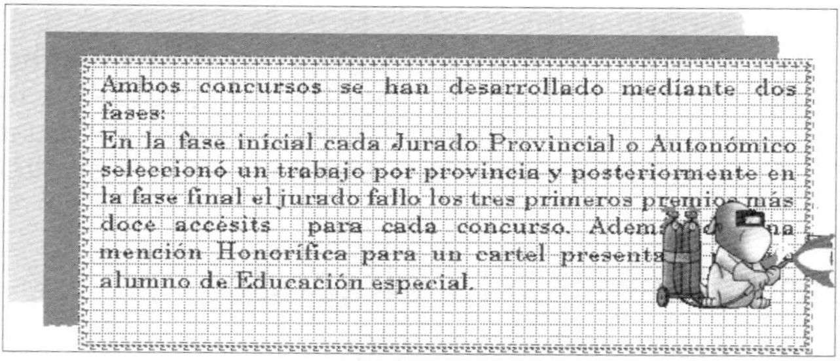

Figura 9.13

Cómo incluir llamadas de atención

Una *llamada de atención* es un tipo especial de cuadro de texto que incluye además una señal de atención que ayuda a identificar y explicar alguna zona del documento (véase figura 9.14).

Para crear una llamada siga estos pasos:

1. Abra, desde la barra de herramientas de Dibujo, el menú de Autoformas.
2. Seleccione Llamadas y elija una de la lista.
3. Sitúe la cruz del puntero donde quiera colocar la llamada.
4. Arrastre el ratón para abrir el cuadro de llamada.
5. Suelte el ratón.
6. Teclee el correspondiente texto y aplíquele el formato adecuado al igual que lo haría en un cuadro de texto.
7. Repita el procedimiento con otras llamadas y objetos hasta conseguir una figura similar a la 9.14.

Figura 9.14

WordArt

Cualquier texto que requiera efectos especiales tipo *graffiti* se puede realizar fácilmente con la utilidad WordArt obteniéndose unos resultados realmente espectaculares *al transformar las palabras en objetos gráficos.*

Para empezar a trabajar con WordArt:

1. Sitúe el punto de inserción donde quiera situar el texto tratado con WordArt.

2. Seleccione Insertar / Imagen / WordArt o haga clic sobre el botón Insertar WordArt de la barra de herramientas Dibujo.

Aparece la galería de WordArt (véase figura 9.15).

Figura 9.15

3. Seleccione el efecto dentro de la galería más adecuado a su documento, haciendo doble clic sobre el mismo.

Aparecerá el cuadro Modificar texto de WordArt en el que debe introducir el texto deseado, el cual se mostrará con un tipo y tamaño de letra que podrá modificar.

La figura 9.16 muestra algunos ejemplos.

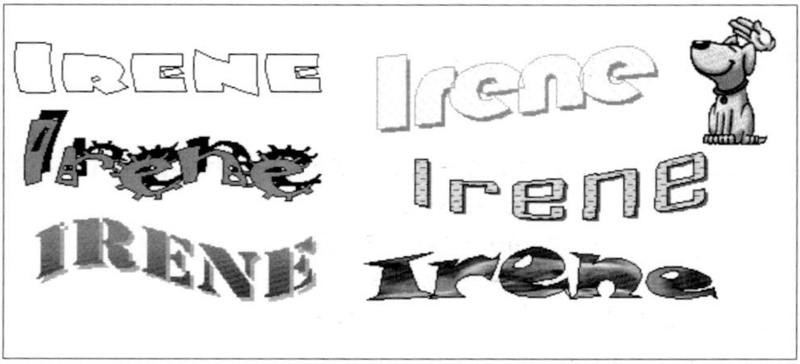

Figura 9.16

Cómo incluir ecuaciones

Microsoft Ecuaciones 3.0 es un editor de ecuaciones que permite incorporar símbolos matemáticos para crear ecuaciones matemáticas en los documentos de Word 2000 (véase figura 9.17).

Para activar el editor de ecuaciones:

1. Seleccione Insertar / Objeto.
2. Haga clic sobre Microsoft Editor de Ecuaciones3.0, en la lista que aparece.
3. Haga clic sobre el botón Aceptar.
4. Escriba la fórmula que desee utilizando las teclas y los diferentes botones de la barra de ecuaciones (véase figura 9.17).

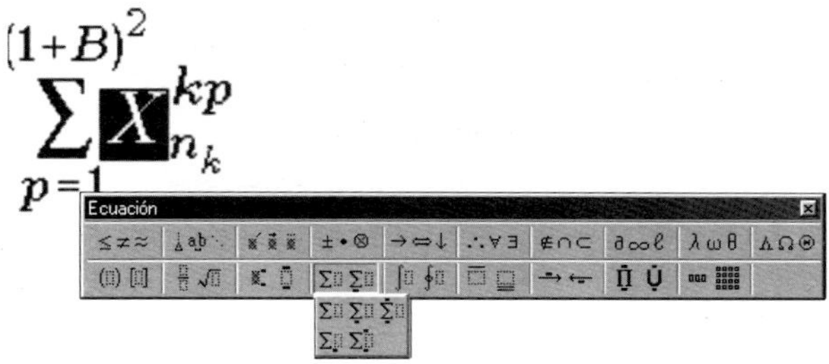

Figura 9.17

5. Haga clic fuera del cuadro de la ecuación para que aparezca en el documento

Qué hemos aprendido

- A insertar imágenes en sus documentos.
- A realizar dibujos sencillos.
- A agrupar y desagrupar objetos.
- A insertar cuadros de texto.
- A incluir llamadas de atención.
- A usar WordArt.
- A insertar ecuaciones.

Ejercicios

1. Inserte en un documento una imagen prediseñada.
2. Dibuje un cuadrado, un círculo y una figura libre cualquiera.
3. Ponga diferentes sombras a alguna Autoforma que invente
4. Abra la utilidad WordArt y construya un texto artístico con el nombre de sus sobrinas favoritas (véase figura 9.18).

Figura 9.18

5. Escriba el texto de la figura 9.19, incluya la imagen que se observa en ella y distribuya el texto sobre ella como se muestra en la figura.

Figura 9.19

Lección 10

Internet

Introducción

En esta lección se comentará cómo utilizar Word 2000 en algunos aspectos relacionados con Internet: correo electrónico, hipervínculos, acceso a ayuda en el Web... También, y fundamentalmente, se mostrará cómo utilizar el programa para crear documentos Web que puedan después *publicarse* y estar así accesibles a cualquier otro usuario a través de la Red.

Word 2000 e Internet

En el programa se contemplan algunas funcionalidades relacionadas con Internet, entre otras las siguientes:

- **Correo electrónico**: Cualquiera de los documentos de Word se puede enviar por correo electrónico a otro usuario,
  - En formato HTML, para lo cual hay que seleccionar Archivo / Enviar a / Destinatario de correo; escribir, en el panel superior que se abre, la dirección del destinatario y hacer clic sobre el botón Enviar una copia. También se inicia el proceso mediante el botón  de la barra Estándar (pulsándola de nuevo se cierra).
  - Como texto plano o "texto enriquecido" (formato RTF) adjunto al mensaje, para lo cual hay que

seleccionar Archivo / Enviar a / Destinatario de correo (como datos adjuntos) y, en la ventana independiente de correo que se abre, escribir la dirección del destinatario y hacer clic sobre el botón Enviar.

- **Ayuda en línea**: Si se está conectado a Internet, se puede acceder a ayuda sobre el producto seleccionando, desde Word, ? / Office en el Web y navegando desde la página que aparece hasta localizar lo que interese.
- **Obtención de *clips***. Otra posibilidad, si se está conectado y se tiene el navegador abierto, es conseguir de las páginas de Microsoft ficheros que contienen imágenes, sonidos y secuencias animadas, que se incorporarán a la *galería* de Word. Para ello hay que seleccionar Insertar / Imagen / Imágenes prediseñadas y hacer clic sobre el botón Clips en línea. Desde la página a la que se accede, se puede seleccionar la categoría y el tipo de fichero y transferirlo al ordenador, quedando incluido en la categoría Clips descargados (véase figura 10.1).

Figura 10.1

Word 2000 y el Web

El lenguaje en el que se escriben las páginas Web (documentos de hipertexto) es el HTML, acrónimo de HyperText

Markup Languaje (Lenguaje de marcas de hipertexto). La confección de estos documentos se puede llevar a cabo de distintas formas: con un editor de texto sencillo como el Bloc de notas, mediante programas especiales como FrontPage o simplemente con Word. A este respecto, en Word 2000 se han añadido mejoras considerables, fundamentalmente en lo que respecta a la facilidad de uso, a la calidad del documento creado, y a la incorporación de nuevas tecnologías que hacen más atractivos los documentos.

Cómo obtener una vista previa del documento HTML

Si se está creando un documento con vistas a guardarlo en formato HTML, quizás interese activar la vista Diseño Web. Ello permite visualizarlo tal y como se mostraría en el navegador, en concreto los fondos, que no se visualizan en la vista Normal, sí se muestran en esta vista. Para ello:

1. Abra o cree un documento con texto, tablas, imágenes... (véase en la figura 10.2 una posibilidad, extraída de la página Web de El País Digital: www.elpais.es).
2. Seleccione Ver / Diseño Web (véase figura 10.2).

No obstante lo dicho, cualquiera de los documentos activos en pantalla, es susceptible de verse tal y como se mostraría en un navegador Web, eligiendo la opción correspondiente del menú Archivo:

3. Abra el navegador, por ejemplo Internet Explorer.
4. Seleccione Archivo / Vista previa de la página Web. En la figura 10.3 se puede ver el resultado de la operación.

Cómo guardar un documento en formato HTML

Una vez comprobado cómo se visualiza en el navegador, se puede proceder a guardar el documento en el disco, en formato HTML. Para ello:

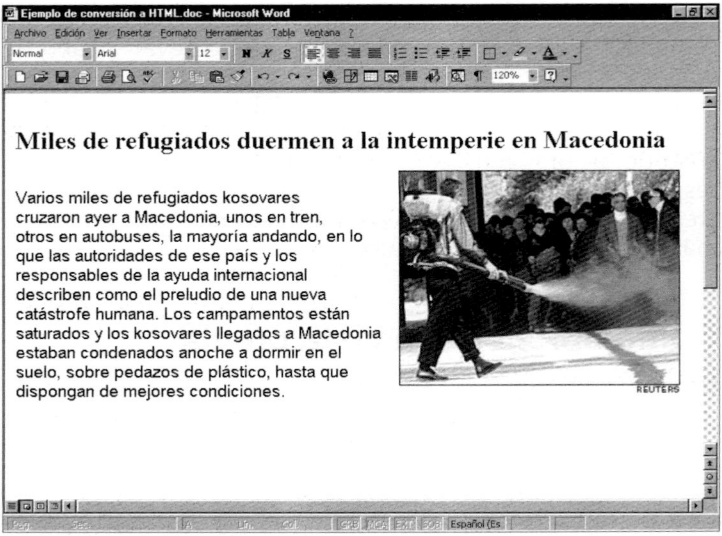

Figura 10.2

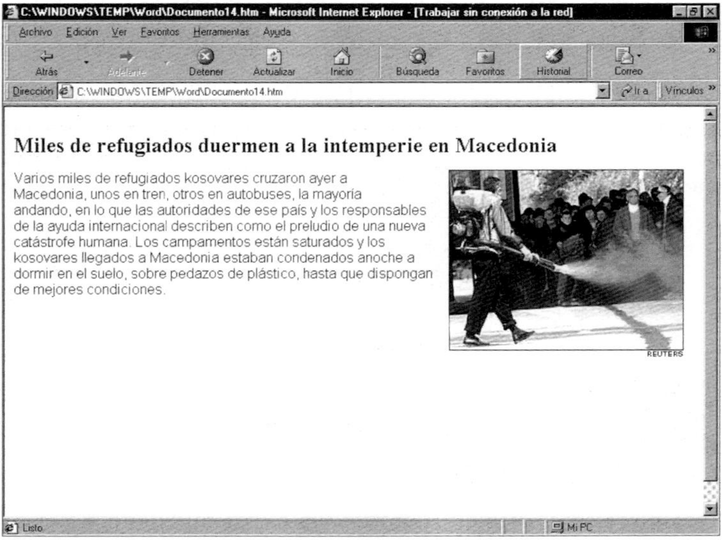

Figura 10.3

1. Seleccione Archivo / Guardar como página Web.
2. Escriba un nombre para el fichero y seleccione la carpeta en la que se guardará.

Antes de guardar la página se puede introducir un título que aparezca en la barra de título del navegador.

3. Haga clic sobre el botón Cambiar título.
4. Escriba el texto para el título.
5. Haga clic sobre el botón Aceptar.
6. Haga clic sobre el botón Guardar, para guardar finalmente la página.

> *Algunos comentarios sobre la conversión en página Web son:*
>
> - *Cada imagen del documento se convierte en un gráfico en formato GIF, con un nombre del tipo **imagexxx.gif**.*
> - *Todos los elementos incluidos en la página se almacenan en una subcarpeta de la carpeta en la que se guardó, de nombre **xxxxxx_archivos**.*

Puede comprobarse esto en el Explorador de Windows (véase figura 10.4).

Figura 10.4

Cómo visualizar el fichero con el navegador

En cualquier momento se puede abrir el fichero creado con el navegador:

1. Abra el navegador, por ejemplo Internet Explorer.
2. Seleccione Archivo / Abrir.
3. Seleccione el fichero creado de la carpeta en la que se encuentre.

Si lo desea, puede ver ahora el código HTML generado para crear el documento HTML:

4. Seleccione, en el navegador, Ver / Código fuente. En la pantalla resultante (véase figura 10.5), se puede ver el código que genera la página. Si recorre el mismo comprobará que hay mucho "código basura" que se crea automáticamente (si se hiciera "a mano", el documento mostrado sólo requeriría unas cuantas líneas y aquí aparecen decenas), lo que resulta un inconveniente de esta "conversión automática" que realiza.
5. Cierre la ventana del código HTML.

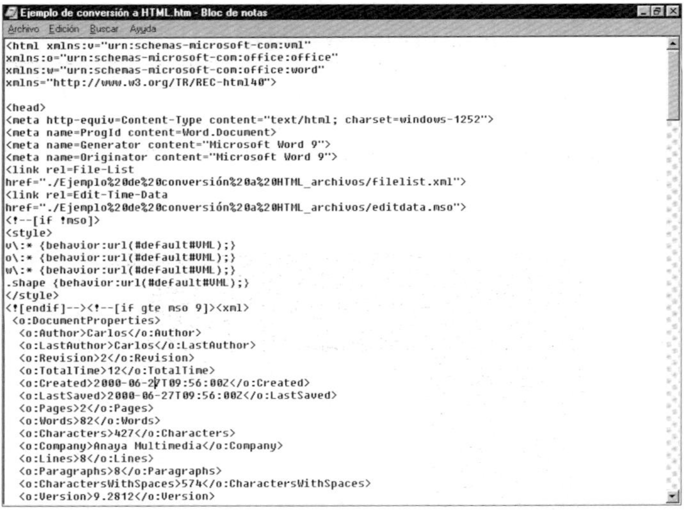

Ejemplo de conversión a HTML.htm - Bloc de notas

Archivo Edición Buscar Ayuda

```
<html xmlns:v="urn:schemas-microsoft-com:vml"
xmlns:o="urn:schemas-microsoft-com:office:office"
xmlns:w="urn:schemas-microsoft-com:office:word"
xmlns="http://www.w3.org/TR/REC-html40">

<head>
<meta http-equiv=Content-Type content="text/html; charset=windows-1252">
<meta name=ProgId content=Word.Document>
<meta name=Generator content="Microsoft Word 9">
<meta name=Originator content="Microsoft Word 9">
<link rel=File-List
href="./Ejemplo%20de%20conversión%20a%20HTML_archivos/filelist.xml">
<link rel=Edit-Time-Data
href="./Ejemplo%20de%20conversión%20a%20HTML_archivos/editdata.mso">
<!--[if !mso]>
<style>
v\:* {behavior:url(#default#VML);}
o\:* {behavior:url(#default#VML);}
w\:* {behavior:url(#default#VML);}
.shape {behavior:url(#default#VML);}
</style>
<![endif]--><!--[if gte mso 9]><xml>
 <o:DocumentProperties>
  <o:Author>Carlos</o:Author>
  <o:LastAuthor>Carlos</o:LastAuthor>
  <o:Revision>2</o:Revision>
  <o:TotalTime>12</o:TotalTime>
  <o:Created>2000-06-27T09:56:00Z</o:Created>
  <o:LastSaved>2000-06-27T09:56:00Z</o:LastSaved>
  <o:Pages>2</o:Pages>
  <o:Words>82</o:Words>
  <o:Characters>427</o:Characters>
  <o:Company>Anaya Multimedia</o:Company>
  <o:Lines>8</o:Lines>
  <o:Paragraphs>8</o:Paragraphs>
  <o:CharactersWithSpaces>574</o:CharactersWithSpaces>
  <o:Version>9.2812</o:Version>
```

Figura 10.5

La barra de herramientas Web

En este contexto, resulta conveniente la visualización de la barra de herramientas Web (véase figura 10.6). Dicha barra contiene los botones que permiten realizar operaciones típicas como ir a la página anterior, a la siguiente, detener una conexión, abrir la agenda de favoritos, etc., y, sobre todo, la visualización de la ruta al documento visualizado.

Figura 10.6

Cómo crear páginas Web

La forma más sencilla de crear un conjunto de páginas Web, que conformen un "sitio Web", con Word 2000, es mediante el asistente que el programa proporciona, el cual proporciona una gran variedad de los elementos que en ella se incluyen más habitualmente: fondos, colores...

1. Seleccione Archivo / Nuevo.
2. Active la ficha Páginas Web.
3. Haga doble clic sobre el icono Asistente para páginas Web.

Aparecerá el primer cuadro de diálogo del asistente (véase figura 10.7).

Figura 10.7

4. Haga clic sobre el botón Siguiente.

5. Escriba un título y una ubicación en el disco, de forma similar a la de la figura 10.8. Después, haga clic sobre el botón Siguiente.

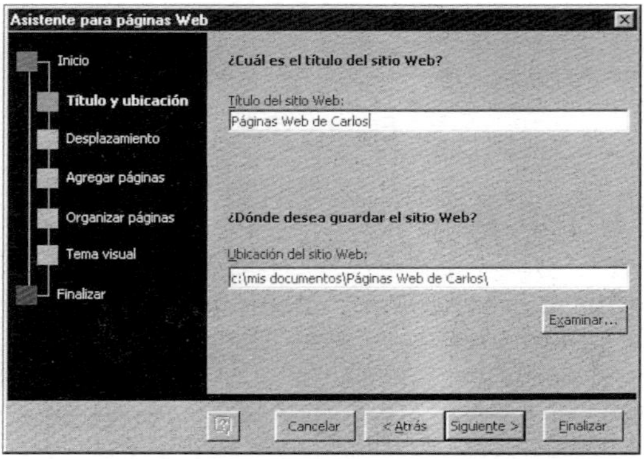

Figura 10.8

6. En el siguiente cuadro de diálogo (véase figura 10.9) debe elegir el modo de efectuar los desplazamientos entre páginas. Un marco a la izquierda con el título y los enlaces correspondientes a todas ellas, y otro a la derecha donde se visualice el contenido de lo seleccionado a la izquierda, suele ser una buena elección. Elija, pues, la primera opción: Marco vertical y haga clic sobre el botón Siguiente.

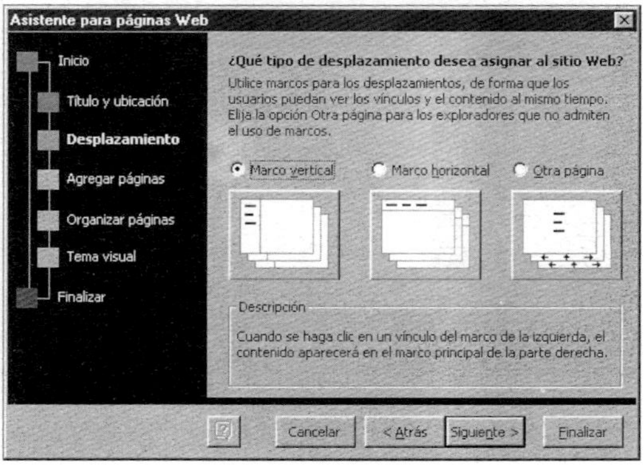

Figura 10.9

7. En el siguiente cuadro de diálogo (véase figura 10.10) debe incluir o eliminar las páginas de que vaya a constar su sitio Web. En principio, se dejarán las tres propuestas en la figura, dos de ellas en blanco, que hay que rellenar después.

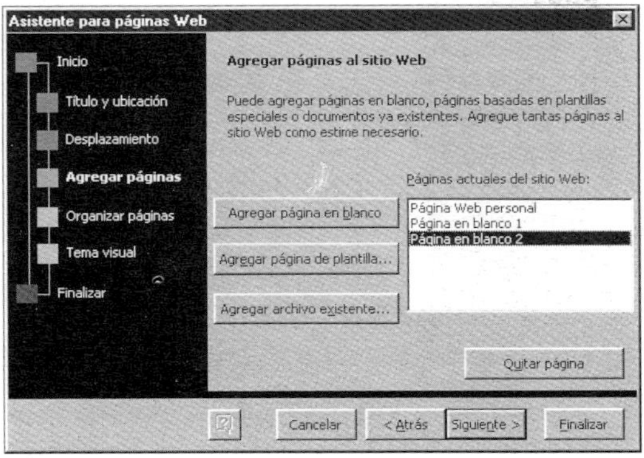

Figura 10.10

8. El siguiente cuadro de diálogo del asistente permite cambiar de nombre las páginas añadidas como se observa en la figura 10.11.

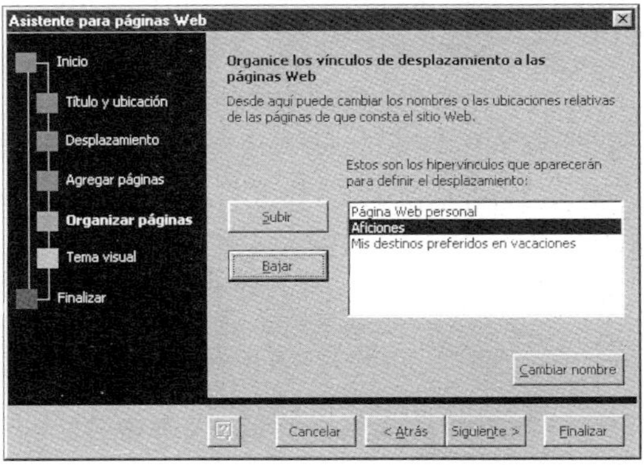

Figura 10.11

9. En el último paso hay que elegir el *tema* (véase lección 9) con el que se mostrarán los distintos elementos de las

páginas: fondos, motivos gráficos... Puede hacer clic sobre el botón Examinar temas para elegir otro distinto (por ejemplo Bloques, como en la figura 10.12).

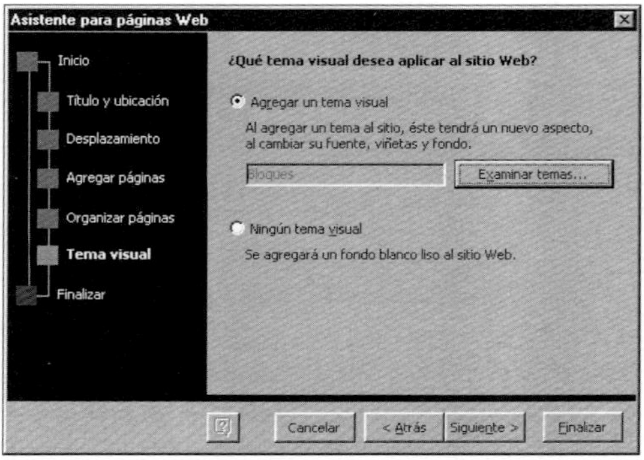

Figura 10.12

Llegados a este punto:

10. Haga clic sobre el botón Finalizar.

Aparecerá la página de la figura 10.13, cuyo contenido tendrá que "personalizar".

Antes de continuar, puede guardar la página principal (default.htm) con otro nombre (por ejemplo, principal.htm), lo que le permitirá además hacerse una idea de todo lo creado automáticamente hasta ahora. Para ello:

11. Seleccione Archivo / Guardar como página Web.

Observe, en el cuadro de diálogo que aparece, los ficheros HTML generados y las carpetas para guardar los archivos correspondientes a cada página.

12. Escriba el nombre para el documento (véase figura 10.14).
13. Haga clic sobre el botón Guardar.

Cómo crear un hipervínculo

Un elemento importante de toda página Web es el hipervínculo. Un *hipervínculo* (también llamado *vínculo* o

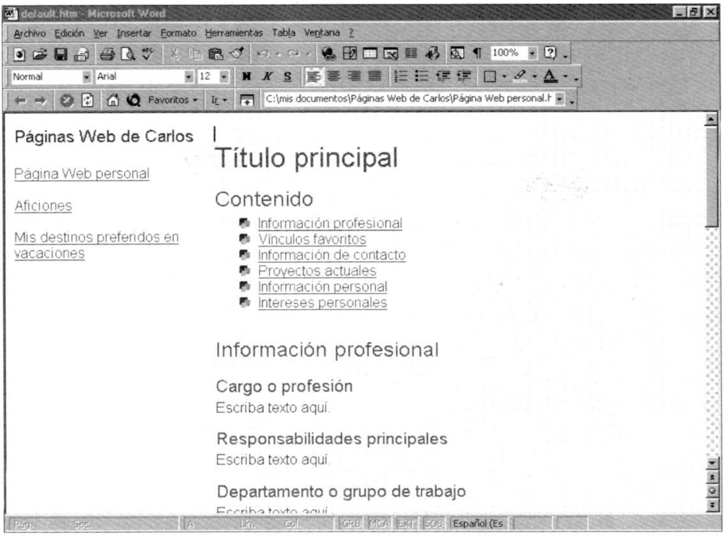

Figura 10.13

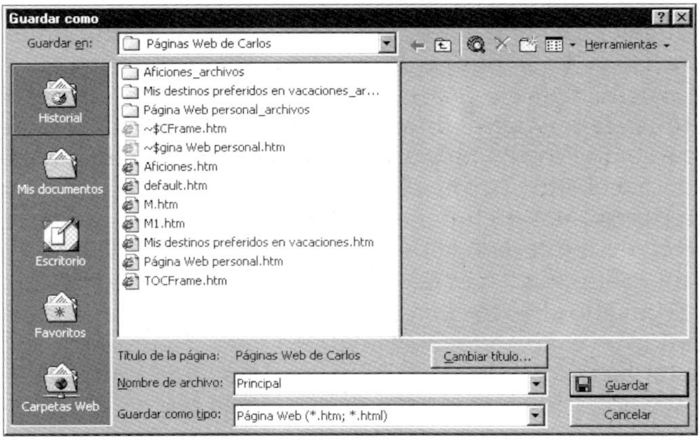

Figura 10.14

hiperenlace) es la parte de texto o gráfico que, al hacer clic sobre él, permite visualizar:

- Una página Web (que puede estar en el mismo ordenador o en otro).
- Otra área del mismo documento.

- Otro documento del disco duro creado con otra aplicación.

Lo primero que hay que decir es que en las páginas creadas con el asistente ya se han incluido automáticamente algunos hipervínculos. Por ejemplo, en la figura 10.13, los tres nombres de página de la izquierda, son enlaces a su contenido, como se puede comprobar si se hace clic sobre ellos.

La forma de reconocer un hipervínculo es situar el puntero del ratón sobre el texto o gráfico y comprobar que se transforma en una mano extendida.

Además, en la página Web personal que se muestra a la derecha, hay hipervínculos *locales*: Información profesional, Vínculos favoritos... que, al hacer clic sobre ellos, hacen que se muestre el área inferior correspondiente en la página.

Por ejemplo, si se hace clic sobre el vínculo Intereses personales, se visualiza el texto escrito allí, de forma similar a lo que se ve en la figura 10.15.

Podría crear en esta página hipervínculos a otros documentos de su disco duro (por ejemplo, a visualizar otro documento Word, una presentación de PowerPoint, un gráfico de Excel, etc.) pero, en el caso más general, lo que quizás interese es crear un hipervínculo de manera que, a quien esté conectado a Internet, le permita abrir la página Web a la que apunta. Suponga, por ejemplo, que se desea convertir en hipervínculo el texto *Universidad de Alcalá* de la página creada, añadido en el área Vínculos favoritos(véase figura 10.16), para que, al hacer clic sobre él, se active la página inicial de esta Universidad (dirección: http://www.alcala.es).

Para hacerlo:

1. Resalte el texto Universidad de Alcalá (u otro que haya escrito), como en la figura 10.16.
2. Seleccione Insertar / Hipervínculo o haga clic sobre el botón .

Aparecerá el cuadro de diálogo de la figura 10.17 en el que hay que introducir la dirección de destino del hipervínculo:

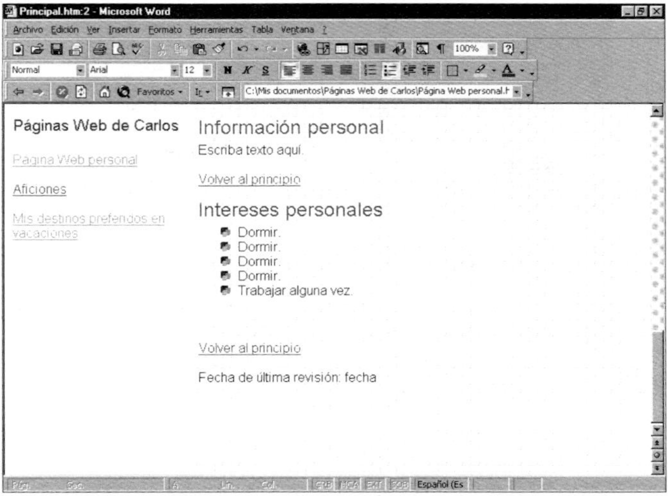

Figura 10.15

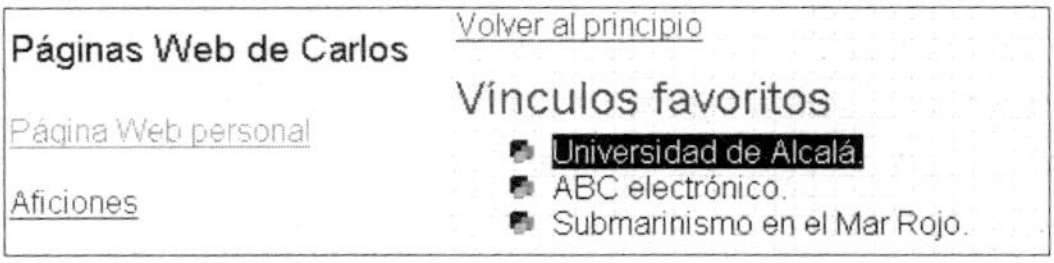

Figura 10.16

Si hace clic sobre un elemento gráfico, por ejemplo una imagen, y sigue los mismos pasos, creará un hipervínculo gráfico.

3. Escriba la dirección, en este caso: `http://www.alcala.es`, en el recuadro **Escriba el nombre del archivo o de la página Web** como en la figura 10.17.
4. Haga clic sobre el botón **Aceptar**. El texto seleccionado tomará el aspecto habitual de los hipervínculos.
5. Haga clic sobre el hipervínculo y, si está conectado a Internet, accederá a la página de la Universidad. Ésta se visualizará como en la figura 10.18.

Figura 10.17

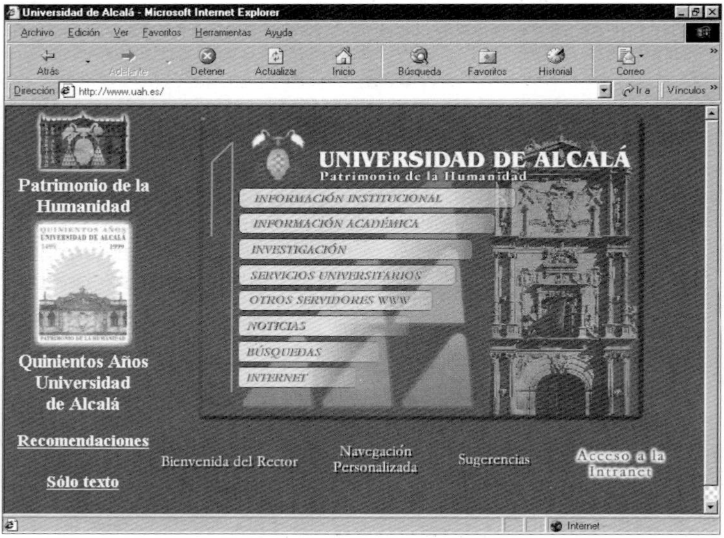

Figura 10.18

Sobre el cómo dar formato a las páginas Web

A las páginas Web creadas con el asistente, y como documentos Word que son, se les puede *dar formato*: (negritas, cursivas, tipos de letra, tamaños, colores. Todo ello, desde las opciones correspondientes del menú Formato o desde la barra de herramientas del mismo nombre. Tales *añadidos* tendrán su correspondiente conversión al lenguaje HTML cuando se almacene el documento en dicho formato.

Cómo insertar tablas, imágenes y otros elementos

En las páginas que se estuvieran creando, se pueden incluir fácilmente tablas, imágenes y otros elementos gráficos.

En el caso de las tablas, la forma de proceder es similar a la que se siguió en la lección 6. Si se desea crear una tabla, lo más sencillo es dibujarla (véase figura 10.19). Para ello:

1. Seleccione Tabla / Dibujar tabla.
2. Dibuje las filas y columnas de la tabla en el lugar que desee (por ejemplo, la que se muestra en la figura 10.19 con dos filas y dos columnas).

La forma de introducir datos en las celdas es la ya sabida: se hace clic sobre la celda y se introduce el dato.

Por otra parte, la operación consistente en insertar imágenes gráficas (Insertar / Imagen / Imágenes prediseñadas), textos en WordArt (Insertar / Imagen / WordArt), y otros objetos gráficos, resulta bastante intuitiva y es, por otra parte, análoga a la que se ha descrito en otras lecciones. El primer paso es activar la celda y, a continuación, se inserta la imagen.

La figura 10.19 muestra la tabla 2x2 en la que se han insertado texto e imágenes.

Cómo publicar las páginas en un servidor Web

El destino inicial de las páginas creadas puede ser el disco duro del ordenador. No obstante, y en el caso del usuario más general, lo usual será enviarlas después a alguno de los servidores que, en muchos casos de forma gratuita, proporcionan el *hospedaje* de las páginas. Esto supondrá, en general, conseguir los datos que permiten acceder a ellas de forma

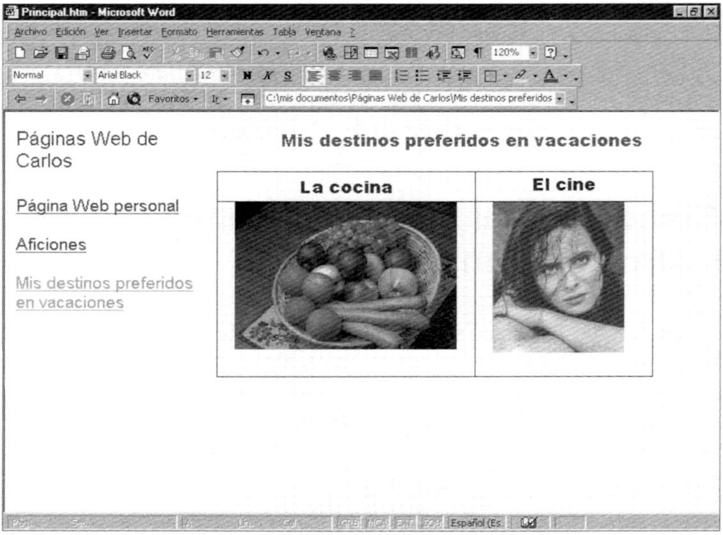

Figura 10.19

identificada: la dirección en la que se publicará, unos caracteres identificativos de usuario y una contraseña. Con ellos, podrá enviar los ficheros creados con alguno de los programas FTP existentes en el mercado. Pero también puede iniciar la transferencia desde Word:

1. Seleccione Archivo / Guardar como página Web.
2. Haga clic sobre el botón Cambiar si se desea añadir otro título.
3. Seleccione, en la lista Guardar en, la opción Ubicaciones FTP.
4. Seleccione el servidor FTP en el que se desee publicar. Si no hubiera ninguno configurado: haga clic sobre gregar o modificar ubicaciones FTP y escriba, en el cuadro de diálogo que aparece, la dirección del servidor, el nombre de usuario y la contraseña (véase figura 10.20).
5. Haga clic sobre el botón Agregar.
6. Haga clic sobre el nombre del servidor añadido y sobre el botón Abrir.
7. Tras la conexión, las páginas serán enviadas al servidor, a la carpeta en la que se indique.

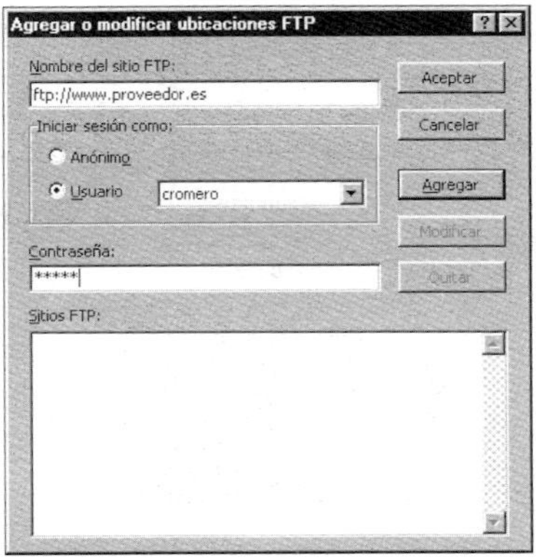

Figura 10.20

Qué hemos aprendido

1. A conocer distintas posibilidades de Word 2000 relacionadas con Internet.
2. A guardar documentos en formato HTML.
3. A crear páginas Web con el asistente.
4. A crear hipervínculos.
5. A visualizar el código HTML.
6. A dar formato a los elementos de la página Web.
7. A crear tablas e insertar imágenes en las páginas.

Ejercicios

1. Abra un documento nuevo, utilice WordArt para crear el rótulo Anaya Multimedia y conviértalo en un hipervínculo a la dirección http://www.anayamultimedia .es.
2. Compruebe el correcto funcionamiento del hipervínculo.
3. Utilice el asistente para crear tres páginas Web con el *tema gráfico* que desee.
4. Inserte una imagen prediseñada de un animal y conviértala en un hipervínculo a la dirección URL http:// zoobarcelona.com (véase figura 10.21).
5. Trate de publicar las páginas creadas en el espacio y ubicación que el proveedor de acceso a Internet suele ofrecer de forma gratuita.

Parc Zoològic de Barcelona - Microsoft Internet Explorer
Archivo Edición Ver Favoritos Herramientas Ayuda
Atrás Adelante Detener Actualizar Inicio Búsqueda Favoritos Historial Correo
Dirección http://zoobarcelona.com/
Ir a Vínculos
ZOO
Barcelona
Benvingut . Bienvenido . Wellcome
Empreses col.laboradores . Empresas colaboradoras . Collaborator companies
Informació tècnica . Información técnica . Technical information
Listo
Internet

Figura 10.21

Apéndice A

Soluciones a los ejercicios

Lección 1

1.

A) Para comenzar a trabajar con Word, puede utilizar varios procedimientos, por ejemplo:

- Abrir el menú Inicio, seleccionar la carpeta Programas y hacer clic sobre la opción Microsoft Word.
- Desde el acceso directo en el Escritorio, si ya lo ha creado, haciendo doble clic sobre él.

B) Para salir del programa, puede utilizar alguno de estos procedimientos:

- Pulsar <**Alt-F4**> hasta llegar a apagar el sistema. Este método es el más aconsejable por su rapidez, para salir de Windows sin dejar ventanas abiertas.
- Seleccionar Archivo / Salir.

2. Haga clic en el menú ? y seleccione Ayuda de Microsoft Word. Aparecerá el ayudante, (por defecto *Clipo*). Pulse el botón derecho del ratón sobre él para abrir su menú contextual y, entre las opciones que aparecen, haga clic sobre Elegir ayudante... El cuadro de diálogo que se abre tiene dos solapas: Galería y Opciones. Abra la primera y pulse sobre el botón Siguiente o Atrás hasta encontrar el ayudante indicado. Finalmente, haga clic sobre el botón Aceptar.

3. Desactive al ayudante, pulse <**F1**> y seleccione el tema. Después, navegue a la derecha por el contenido ofrecido.
4. Para crear un acceso directo desde el escritorio, puede seguir estos procedimientos:

   - Si tiene a la vista el icono del objeto, arrástrelo, manteniendo pulsadas las teclas <**Control-Mayús**>, hasta alguna parte vacía del Escritorio.
   - Abrir el menú contextual del Escritorio (pulsando el botón derecho del ratón), elegir la opción Nuevo y seleccionar Acceso directo, hacer clic sobre el botón Examinar... y localizar el fichero WINWORD.EXE para hacer doble clic sobre él.

5. Su función es realizar un mantenimiento del programa: con ella se detectarán automáticamente (y se repararán) los errores producidos después de la instalación. Para utilizarla hay que seleccionar ? / Detectar y reparar, activar la casilla de verificación Restaurar los accesos directos durante la reparación (si alguno no funcionara) y hacer clic sobre el botón Iniciar.

Lección 2

1. Abra Word 2000, haga clic sobre el botón Nuevo en la barra de herramientas Estándar y escriba el texto.
2. Seleccione Archivo / Guardar como... y, en el cuadro Nombre de archivo, teclee `Blaise Pascal`. A continuación, haga clic sobre el botón Guardar.
3. Seleccione Archivo / Cerrar. Otras posibilidades de cerrar el documento son:

   - Hacer doble clic sobre su botón de menú de control.
   - Pulsar <**Alt-F4**>.

4.

   - Para seleccionar una palabra, haga doble clic sobre ella.
   - Para seleccionar una frase, mantenga pulsada la tecla <**Control**> y haga clic sobre ella.
   - Para seleccionar un párrafo, haga triple clic dentro de él.

- Para seleccionar todo el documento, mantenga pulsada la tecla <**Control**> y haga clic sobre el margen izquierdo del documento.

5. En la vista Diseño de impresión se verá la página tal y como se imprimirá. En el modo *Normal* se podrá escribir y modificar texto más rápidamente pero no se podrán llevar a cabo determinadas operaciones.

Lección 3

1. Haga clic sobre el botón Abrir o pulse<**Control-A**> o seleccione Archivo / Abrir...
   Seleccione el archivo Blaise Pascal de la carpeta en la que lo guardó y haga clic en Abrir. Seleccione el segundo párrafo y pulse Edición / Copiar. Sitúe el punto de inserción al principio del documento y seleccione Edición / Pegar.
2. Seleccione el texto copiado y pulse la tecla < **Supr**>.
3. Seleccione el segundo párrafo, haga clic sobre Edición y sobre Cortar, sitúe el punto de inserción al principio del primer párrafo, y seleccione Edición / Pegar.
4. Abra la barra Portapapeles. Seleccione un bloque y cópielo (el primero de los botones de la barra). Seleccione otro y vuelva a copiarlo. Así sucesivamente. Después, abra un documento y haga clic sobre los iconos de la barra cuyo contenido desee pegar en el documento.
5. Active la vista Diseño de impresión y haga doble clic sobre cualquier punto del documento, incluso cuando éste se encuentre por debajo de la marca de "fin del documento". Después, escriba.

Lección 4

1. Escriba el texto, selecciónelo y tras seleccionar Formato / Párrafo, escriba 2 en el campo de "sangría izquierda". Confirme finalmente. Después, seleccione el texto "Allí descubre..." y haga clic sobre el botón Subrayado o pulse <**Control–S**>; seleccione "Revisión médica" y haga clic sobre el botón Negrita o pulse <**Control-N**> y seleccione el texto "amor y ternura" y haga clic sobre el botón Cursiva o pulse <**Control-K**>.

2. Seleccione la primera frase, haga clic sobre el botón Fuente de la barra de herramientas Formato y, en su lista desplegable, seleccione cualquier otra fuente diferente que la que aparece por defecto. Cambie también, si lo desea, el tamaño de la fuente. Después, haga clic sobre el botón Copiar formato, y *pase la brocha* sobre la segunda frase. Restaure los formatos perdidos con la copia: cursiva, subrayado...
3. Escriba el título y haga clic sobre el botón Alinear a la izquierda.
4. Seleccione el párrafo y, desde la barra de menús, seleccione Formato / Bordes y sombreado... De las diferentes opciones del cuadro de diálogo, elija la que más le plazca.
5. Puede insertar un subíndice o superíndice de la siguiente forma: seleccionando Formato / Fuente, haciendo clic sobre el efecto superíndice o subíndice y sobre Aceptar, escribiendo el texto y repitiendo el proceso anterior para eliminar el efecto y continuar con la escritura "normal". Lo más recomendable, no obstante, es incluir en la barra de herramientas Formato los dos botones, como se explica en la página 57. Entonces, sólo hay que hacer clic sobre el botón que corresponda, escribir el texto y hacer clic de nuevo sobre él para eliminar su efecto.

Lección 5

1. Seleccione Herramientas / Autocorrección..., busque en la lista de las preestablecidas los símbolos descritos y la forma de componer cada uno.
2. Seleccione Herramientas / Opciones..., abra la ficha Ortografía y gramática, haga clic sobre Diccionarios... , sobre Nuevo... y, en el cuadro Nombre de archivo, escriba Veleros. Finalmente, haga clic en el botón Guardar y cierre los cuadros abiertos. Añada después al diccionario creado las palabras detectadas como incorrectas y visualice su contenido como se explicó en la lección.
3. Una vez escrito el texto, pulse <**F7**> para iniciar la corrección ortográfica y gramatical. Finalizada ésta, seleccione la palabra "problemas", pulse <**Mayús–F7**> para abrir el cuadro de diálogo de Sinónimos, y sustituya la palabra por la encontrada en la lista que mejor convenga.
4. Pulse <**Control–B**> y, en el cuadro de diálogo Buscar y reemplazar, active Reemplazar, teclee sucesivamente

las palabras a buscar y reemplazar respectivamente y haga clic sobre el botón Buscar siguiente. A cada aparición de la palabra, haga clic sobre el botón Reemplazar.

5. Seleccione Herramientas / Contar palabras.

Lección 6

1. Seleccione Ver / Encabezado y pie de página, teclee, en el área punteada, el texto indicado y haga clic sobre Cerrar para volver al documento. Seleccione Vista Diseño de impresión para ver el resultado.
2. Una vez abierta la barra de herramientas de encabezados y pies de página, haga clic sobre el botón Cambiar entre encabezado y pie de dicha barra y, en el área punteada, teclee 24. En la barra de herramientas de Formato haga clic sobre el botón Centrar, para colocar el número a pie de página y centrado. Para volver al documento, haga clic sobre el botón Cerrar de la barra de herramientas Encabezado y pie de página.
3. Seleccione Insertar / Comentario, escriba el texto del comentario en el punto de inserción de la ventana Comentarios de: y adjudíqueselo a un amigo. Escriba otro texto y asócielo a otro amigo. Para cambiar los nombres de los amigos y referenciar sus iniciales seleccione Herramientas / Opciones... y, en el cuadro de diálogo, elija la ficha Información del usuario. En el campo Nombre, escriba los nombres de los amigos y, en el campo Iniciales: teclee las de cada uno de ellos.
4. Seleccione el texto y Formato / Columnas... Haga clic sobre el botón Dos del área Preestablecidas. Active la casilla de verificación Línea entre columnas. Finalmente, haga clic sobre el botón Aceptar.
5. Siga, simplemente, las instrucciones de la lección. Además puede consultar la ayuda sobre cómo crear una tabla compleja.

Lección 7

1. Una vez abierto el documento, seleccione Archivo / Imprimir... y, en el cuadro de diálogo que aparece, seleccione la opción Páginas pares de la lista desplegable Imprimir sólo.

2. Pulse <**Control-P**> y, en el campo Páginas del área Intervalo de páginas, escriba 4-10.
3. Seleccione Archivo / Configurar página y abra la ficha Márgenes. Modifique en ella los valores y haga clic sobre el botón Aceptar.
4. Seleccione Archivo / Configurar página y abra la ficha Tamaño del papel. Seleccione en ella el tamaño y haga clic sobre el botón Aceptar.
5. Seleccione Herramientas / Sobres y etiquetas y active la ficha Etiquetas. Escriba la dirección, seleccione el formato de las etiquetas (botón Opciones) y haga clic, finalmente, sobre el botón Imprimir.

Lección 8

1. Seleccione Archivo / Nuevo..., abra la ficha Otros documentos y haga clic sobre el icono Curriculo profesional. Haga clic sobre el botón Aceptar y, en el currículo que aparece, cambie los datos por los suyos.
2. Una vez abierto el documento, seleccione Archivo / Guardar como..., abra la lista desplegable Guardar como tipo y elija Plantilla de documento. Introduzca un nombre y haga clic sobre el botón Aceptar. Para abrirlo como plantilla, seleccione Archivo / Nuevo..., active la ficha General y haga doble clic sobre el icono de la plantilla creada.
3. Abra un documento nuevo, seleccione Formato / Estilo... En el cuadro de diálogo Estilo, haga clic sobre el botón Nuevo..., teclee, en el recuadro Nombre: el nombre asignado Resaltar títulos, haga clic sobre el botón Formato y sobre el botón Fuente para elegir el tipo d letra y el tamaño que se indica, haga clic también sob las opciones Negrita y Cursiva. Finalmente, haga cl sobre el botón Aceptar, de nuevo sobre el botón Acept y sobre el botón Cerrar.
4. Para aplicarlo, escriba un título, haga clic dentro de , seleccione Formato / Estilo, localice el estilo creado y haga clic sobre el botón Aplicar.
5. Seleccione Archivo / Nuevo... y active la ficha Cartas y faxes. Haga doble clic sobre el icono Asistente para cartas y siga las instrucciones.

Lección 9

1. Seleccione Insertar / Imagen / Imágenes prediseñadas... Active la ficha Prediseñadas, en el cuadro Buscar los clips: teclee, por ejemplo, Negocios, o haga clic en la categoría negocios, y haga clic en Seguir buscando, hasta encontrar la imagen buscada.
2. Abra la barra de herramientas Dibujo, haga clic sobre el botón Rectángulo y, manteniendo pulsada la tecla <**Mayús**>, arrastre hasta conseguir el cuadrado qué desee. Repita el procedimiento con el botón Elipse para crear un círculo. Para crear la forma libre, haga clic sobre el botón Autoformas, seleccione Líneas, haga clic sobre el icono de forma libre y arrastre el ratón para dibujar. Pulse <**Esc**> cuando finalice.
3. Abra la barra de herramientas Dibujo, seleccione cada una de las figuras desde las Autoformas y *déles sombra* haciendo clic sobre el botón Sombra de dicha barra de herramientas.
4. Abra la barra de herramientas WordArt, haga clic sobre el botón Insertar WordArt (primer botón desde la izquierda), seleccione un estilo de la galería que aparece, haga clic sobre el botón Aceptar, teclee el texto y, finalmente, haga clic sobre el botón Aceptar. Para probar otras posibilidades, haga clic sobre el botón Forma de WordArt y sobre los distintos botones de la barra de herramientas.
5. Una vez escrito el texto e insertada la imagen, pulse el botón derecho del ratón sobre ella y elija Formato de imagen. Abra la ficha Diseño y seleccione el estilo Estrecho. Haga clic sobre el botón Aceptar y desplace la imagen dentro del texto.

Lección 10

1. Una vez abierto el documento e insertado el rótulo en WordArt, haga clic sobre él y seleccione Insertar / Hipervínculo, escriba la dirección URL del texto y haga clic sobre el botón Aceptar.
2. Conéctese a Internet y haga clic sobre el rótulo de WordArt.

3. Siga las instrucciones de la lección para confeccionar las tres páginas mencionadas.
4. Haga clic sobre la imagen, seleccione Insertar / Hipervínculo, escriba la dirección URL de la página principal del Zoológico de Barcelona y haga clic sobre el botón Aceptar.
5. Obtenga del proveedor los datos necesarios y guarde en el sitio reservado las páginas creadas, como se ha indicado en la lección.

Índice alfabético